0メートルの旅

ダイヤモンド社

はじめに

校門を出て川沿いの道を歩くと、道が二手に分かれている。右に曲がれば家に近いが、僕は迷わずもう片方を選ぶ。なぜなら右の道路には白線がない。

今日は**白線を踏み外したら死ぬ日**なのだ。綱渡りみたいにバランスをとりながら、そろりそろりと慎重に進んでいく。

しばらくして、目の前に思わぬ障壁が現れる。白線を塞ぐようにして、カマキリの死骸が転がっていた。よく見ると無数の黒い点がその周りを囲っている。**蟻の群れだ**。それは川が流れるようにして左から右へと移動を続けていた。これだけの数がいて、渋滞のひとつも起こらないのが不思議で仕方ない。

淀みない動きに、じっと目を凝らす。僕はいつの間にかランドセルを放り投げて、道端に座り込んでいた。

「なにしとん?」

振り返ると、近所の友だちがいた。

「蟻がおる」

僕は黒い川に視線を戻す。

「うわっ」

顔をしかめながら彼は僕の横に座った。蟻がカマキリのすべてを持ち去ってしまうまで、二人は無言で眺め続ける。短パン越しにアスファルトの熱がじんわりと伝わってくる。セミの鳴き声が勢いを増す。

「寺に、めっちゃでかい蛇がでたらしい」

唐突に友だちが言った。座り込んでからどれくらいの時間が経ったのかわからない。

「寺って、地蔵寺？」

「せや。探しに行こうや」

めっちゃでかい蛇、見たい。僕は慌ててランドセルを背負い直し、ぴょんぴょん飛んで背中に馴染ませる。

「走る！」

友だちはうおおとか叫びながら駆けて行った。僕はその背中を必死で追いかける。白線も蟻の群れもすっかり忘れて、頭はでかい蛇のことでいっぱいだ。

ふと蘇る映像がある。目をつむるだけで、心震える思い出がある。**それが「旅の記憶」である。**

中学生になって、こっそり隣町まで自転車を走らせたとき。高校を卒業して、単身東京へやってきたとき。日常から離れ、遠くへ行けば行くほど、胸の高鳴りはどんどん大きくなっていった。

そうして18歳。バックパックを背負って、初めてひとりで異国に降り立ったとき。そこで見えた雑多な景色、香辛料の匂い、不安な気持ちを、僕は一生忘れないだろう。その瞬間に、僕は旅の虜になったのだ。

お金を貯めては旅に出かけ、はまりすぎて大学を2留して、会社員になってもその趣味は続いていた。仕事の隙をみてはすかさず休みをとり、リュック1つで海を渡った。有休消化率100％を常時キープするさまは、まさに働き方改革の申し子だと思う。これまでに海外は約70カ国、国内は全都道府県を訪れた。

だが、遠くへ、もっと遠くへと旅を続けているうちに、だんだん疑問を覚えるようになった。このまま遠くを目指し続けて、僕はどこにたどり着くのだろう。かつて覚えた魂が揺さぶられるような感覚を、今でも同様に味わえているのだろうか。**そもそも旅とはなんだろう。**

改めて問い直したときに、思い出したのが小学生の頃の、道草の記憶だった。

家へ帰るという目的を逸脱して、偶然出会ったカマキリの死骸に驚いて。座り込んで永遠の時間を潰したかと思えば、今度は蛇を追いかけて理由もなく走る。そこには意味や生産性といった日常で求められる様々な要素は一切登場しない。目的もなく、偶然で、非生産的。それでも心動かされる純粋な瞬間があった。

辞書を引くと、旅とは「定まった地を離れて、ひととき他の場所へゆくこと」とある。額面通りに受け取ると、あくまで遠くへ移動することを指しているように思える。

だが道草に夢中になったあの日、僕は確かに旅に出ていた。それは日常を引き剝がす冒険だった。激しくきらめく閃光だった。いつもの通学路という「定まった地」を離れて、ひととき他の世界へとダイブした。だとしたら、たとえ遠くへ行かなくても、旅はどこでも始められるのではないか。

旅とはなにか。

その問いに僕なりの答えを導き出すため、これまでの旅の記憶を辿ることにした。この本に登場する16の物語は、どれも僕にとっては宝石のような存在だ。

スタートは家から1600万メートル。地球の最果て、南極だ。そこからアフリカや中東を経て日本に至り、僕の住む東京の街から近所へ、そしてついには部屋の中にまで及ぶ。次第に近づく距離の中で、**果たしてどこまでが本当の旅と呼べるのだろうか。**

そういえばあのとき結局、めっちゃでかい蛇は見つかったっけ。覚えていないということは、きっとどっちでもよかったんだ。

もくじ

第2章：国内編

第3章：近所編

最終章：家 編

第1章：海外編

日報を書き終えて、ノートPCを閉じる。書斎の椅子をくるくると回転させながら、一日を振り返る。オンライン会議は滞りなく終わったし、開発も順調に進んでいる。足元の数字が少し気になるが、大きな問題はないだろう。おおむね悪くない一日だ。悪くない一日。

旅のわからなさに救われて

旅の本を書いている僕は、冒険家でも探検家でもない。東京の五反田で働く会社員である。いまは会計ソフトを開発する仕事に携わっていて、消費税とか源泉徴収税とか、そういうことに人よりちょっとだけ詳しい。

会計ソフトは、無駄な業務を削減するために存在する。いかに効率的な仕組みを練り上げ、締め切りまでに製品を出せるか、日夜頭を悩ませる。それはそれで楽しい。

ただそういう日々をこなすなかで、突発的に**すべてをぶち壊したくなる衝動**にかられる。正しい式を組めばいつも同じ数字が出る税金のような毎日を、根底からひっくり返したくなる。それが定期的に訪れる危険信号だ。悪くない一日が積み上がって、僕の大切な部分をじわじわと蝕んでいる。

そんな時に決まって僕を救ってくれるのが海外への旅行だ。海外に行けば、物事は決して予定通りに進まない。予期せぬ出会い、偶然のトラブル、すべてが予想不可能。

旅先で出会った人には騙されたりもするし、底なしの優しさに包まれることもある。期待していた絶景にがっかりさせられたあとに、ふと立ち寄った街で忘れられない景色に遭遇したりもする。現地の文化に溶け込んだと喜んだ矢先に、何もわかっていなかったと痛感させられるのもしょっちゅうだ。

わからないし、うまくいかない。世界ってそういうものだっけと当たり前のことを再認識して、僕はほっと安心する。そうして帰国したあとに過ごす悪くない一日は、以前よりどこか鮮明に映るのだ。

16350000

m

南極

16350000メートル

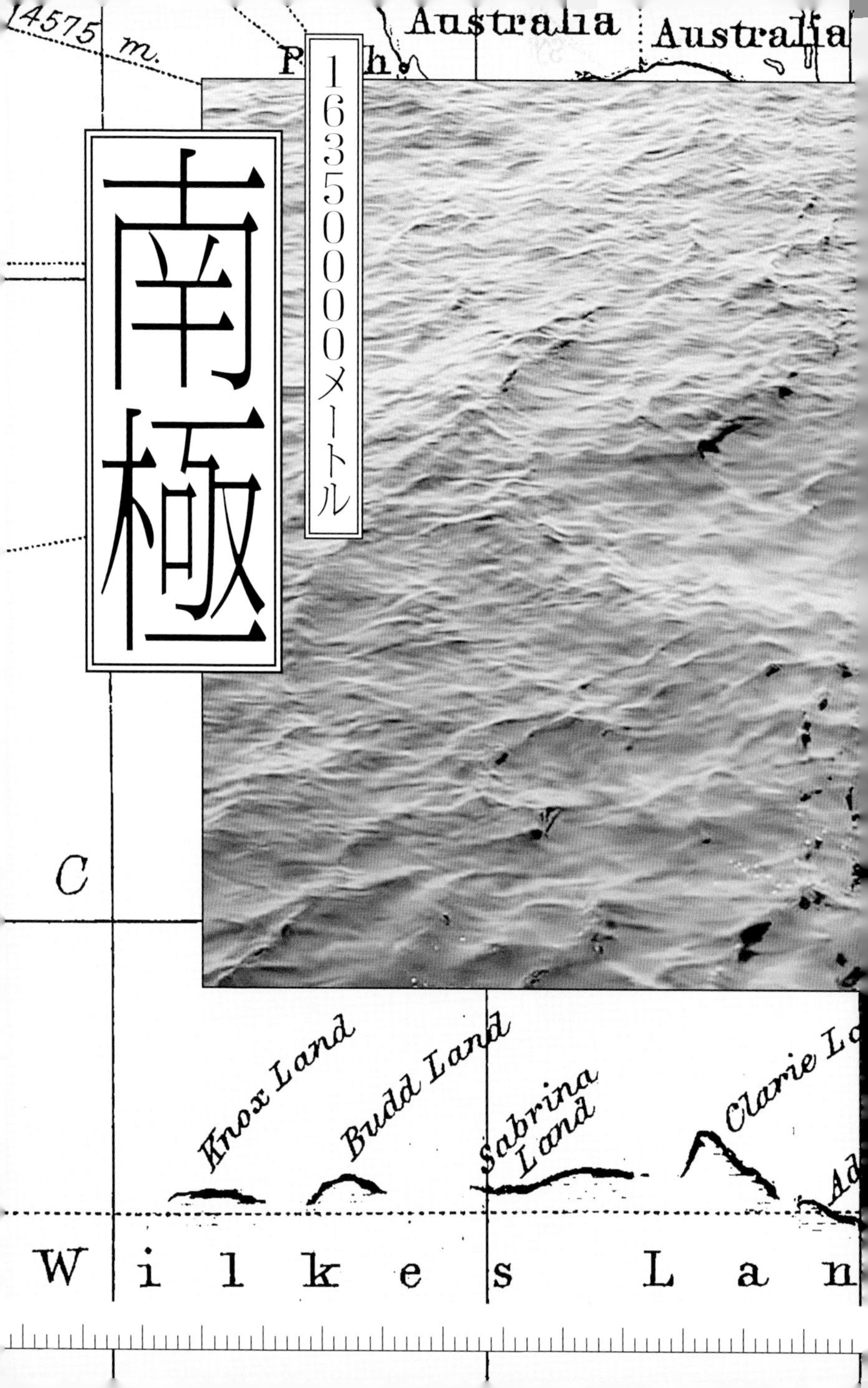

ペンギン、結婚、3000万年の甘い闇

結婚を決めてまず頭をよぎったのは、新婚旅行のことだった。旅行好きとしてどうしても行きたい場所があったのだ。それが南極だった。

一度でいいから、「極地」と言われる場所に行ってみたかった。極地。心震える響きである。会社員の僕にとって、唯一のチャンスは新婚旅行だ。それを逃すことなどできない。幸い奥さんも乗り気だったので、有休と正月休み、そして結婚休暇を組み合わせるという「会社員の本気」を発動して南極への旅を決行した。

極地は遠い。まずアルゼンチンまで飛行機で丸2日。そして最南端の都市ウシュアイアから船に乗り、「ドレーク海峡」という世界で最も荒れる海を進むこと3日。片道合

計5日間の旅程だ。旅の半分は移動が占める。

なかでもドレーク海峡は噂に違わぬ過酷さだった。海は南極に近づくほど荒々しくなり、緯度によって通称**「吠える40度」**、**そこから「狂う50度」**、**さらには「絶叫する60度」**を通過していく。船内にはあらゆる場所に手すりが取り付けられており、1mおきにエチケット袋が配備される。夕食に出てくる人は一人また一人と減っていって、無理やりシャンパンを飲もうとしたら揺れでボトルごと吹っ飛んでいった。新婚旅行ってこんなんだっけ？

そうして長い長い旅路を経たのちに、突然静寂が訪れる。早朝に艦内放送が流れ、寝ぼけ眼を擦り急いでデッキへと繰り出した。眼前に広がっていたのは、見渡す限り青と白だけの世界。**南緯66度33分、南極圏だった。**

まるで地球が裸になったみたいだ。すべてが剝き出しの景色に、ただ圧倒された。この星で唯一、どの国にも属さない大陸。3000万年の間に降り積もった雪が、数千メートルの厚さの氷となってそびえる果て。「自然」を辞書で引くと「人手を加えない、ありのままの状態」とある。ここは桁外れの自然だった。

南極の地形は極めて起伏に富んでいて、上陸する度に登山が始まる。ピッケルを握り、息を切らしながら登っていく。通常の登山と異なるのは、空気が澄んでいるために吐く息が白くならないことと、ペンギンがしょっちゅう横切っていくことだ。

衝撃的な事実をお伝えすると、野生のペンギンはめちゃくちゃ臭い。まるで死んだ魚をドブで煮たような臭いがする。特に数万匹が営巣するような島においては、上陸する前からその臭いで存在を確認できる。船のデッキに出ただけでペンギン臭が服にこびりついてしまうことさえある。南極旅行ではカイロよりファブリーズのほうが役に立つ。

上陸に際しては変わった場所を訪れることもあって、「ベルナツキー基地」というウクライナの観測基地に足を運んだ。基地では気象観測や生理学に関する研究が行われており、隊員たちは半年から数年にかけて住み込み生活をしている。そんな場所を見学させてもらえたのだ。

研究室や観測台も興味深いが、やはり関心があるのはその日常生活だ。昔『南極料理人』という映画を観たことがあって、過酷な環境下での最大の楽しみが食事であると描かれていた。この基地でもやはり専任の料理人たちが駐在していて、日々各国の食事が提供されているという。

基地内はまるでクリスマスパーティのように華やかな装飾が施されている。こういうちょっとした遊び心が、過酷な任務を全うするための礎なのかもしれない。

土産物屋やバーなんかもあって、「ここが世界最南端の店だ。先にはもうないからしっかり準備していきな」とか言われてラスボス直前の街みたいで興奮した。最南端のバーで飲み干すウォッカは、五反田で飲むそれと同様に視界を楽しくぐらりと揺らした。

南極旅行は船で寝泊まりするのが基本であるが、一日だけ例外があった。**南極大陸でのキャンプである**。氷上で一夜を過ごすのだ。その日は夕食を早めに済ませ、酒も抜き、船内のトイレに篭(こも)る。南極大陸にはゴミはもちろん、人類の痕跡を一切残してはならない。キャンプ地ではのっぴきならない事態の場合は排泄物をバケツに溜めることになっており、そのような状況は回避したい。

21時半、アナウンスが流れ、ついに下船が始まる。昨日まで吹雪が続いていたのだが、気持ちのいい青空が広がっている。太陽に目を細めながら、ボートで大陸に降り立つ。
全員で記念写真を撮影した直後、いきなり「就寝！」と号令がかかった。南極には食事は持ち込めないし、火を焚くのも禁止されているので、キャンプと言っても単に寝るだけなのだ。地球でもっともシンプルなこの場所にふさわしいスタイルである。

黄色い防寒着が点々と散らばり、真っ白な氷の世界に広がっていく。この広いスペースの中から、自分の野営地を決めるらしい。雪で重くなったブーツを引きずりながら、全体が見渡せる海沿いの斜面を選んだ。シャベルで雪をかきわけ、平らなスペースをせっせと作る。寝袋にくるまり、完成したいびつな寝床に寝転んでみると、案外収まり心地が良い。前方にはペンギンが不器用に歩き、アザラシが人間に並んで寝転がっている。青空が巨大な氷山に溶け出し、鮮やかな濃淡を創っていた。

ただ、静寂が続く。何も考えず、まだ明るい空を眺める。南極の日は沈むが、落ちることはない。空と海の間に薄紅色の帯がじっと横たわって、そしてそのまま朝を迎えるのだ。

時折どこかで氷山が崩れ落ちて、低い地響きがとどろく。地球の寝息である。僕はこの音を聞き、この景色を見るために南極にきたのだと思う。死ぬ時はこういう風に死んでいきたいと、そんなことを初めて思った。

ドドド。氷山と一緒に意識も崩れ落ちていく。ドドドド。まぶたが自然と閉じる。夜はいつまでも明るく、頬を撫でる風は冷たく、夢のない眠りはどこまでも深く、そして心地よかった。

ペンギンの臭いも十分堪能したし、南極基地も行ったたし、待望のキャンプも果たした。もう思い残すことはない。あとはまた荒れ狂う海を乗り越えるだけだ。そうして帰宅に向けて荷物を整理していた時、船内アナウンスで予期せぬイベントの案内が流れた。

「ポーラー・プランジを始めます。参加希望者は、水着とバスローブで3Fに集まってください」

英語でポーラーには「南極」、プランジには「突っ込む」などの意味があるから、直訳すると**「南極へ突っ込む」**となる。恐ろしげな響きである。

どんな酔狂な人間が参加するのか、顔を見たくなって3Fに出ると、なんと水着にバスローブを羽織った行列ができていた。

最後尾のトルコ人が言うには、なにやら南極にも温泉が湧いている場所があって、そこに飛び込むというイベントらしい。なんだ、そういうことか。それにしても南極で湯に浸かるとは、なかなか風流な催しである。旅は勢いだから、僕も参加してみよう。急いで部屋に戻って海パンを履き、駆け足で行列へと加わる。やるじゃないか、という感じでトルコ人がハイタッチを求めてきたので、僕は笑顔でそれに応じる。

順番を待ちながら、日本にも露天風呂という文化があるのだと彼に説明していると、突然前方から叫び声が聞こえてきた。どうやらポーラー・プランジが始まったようだ。しかしなぜ叫び声なのか。どういう温泉だ？

しばらくして、タオルにくるまった男性がブルブルと震えながら歩いてきた。さっきの叫び声の主らしい。どうだったかと尋ねると、男性は「**Crazy……**」と呟いてそのまま去っていった。残された我々に恐怖が走る。話が違うじゃないかとトルコ人を問い詰めると、そういうこともあるさ、とまたハイタッチの仕草をした。渋々応じる。さっきよりも低いタッチの音がパンとなる。

この先に一体何が待ち受けているのか。引き返そうにも、奥さんにデッキからの撮影をお願いしている。旅は勢いであるとか言った手前、今さら後戻りするわけにもいかない。バスローブの袖を握りしめ、ゆっくりと前へ進む。

ついに順番が回ってきて、前方の景色が開けた。眼下には透き通った海に巨大な氷がのっぺりと伸びていて、見事な青と白の世界。しかしこれは昼に見た南極と同じである。温泉は？　温泉はどこ？　水面にはいくつかの流氷も浮かんでいて、ぶつかり合ってカチャカチャと音を奏でている。「水温はいくつだ」とスタッフのアンジェロに尋ねると、笑顔で「Zero!」と親指を立てた。温泉は誤報だった。

アンジェロは僕のバスローブを剥ぎ取り、荒々しく腰紐を巻きつける。そしてＯＫと肩を叩いた。全然ＯＫではない。僕、泳げないんだけど。そう伝えても彼は片言の日本語で「ダイジョブ！」とまた笑った。陽気すぎる。

「ちょっと待って、何か気をつけることはないの」と必死に時間稼ぎの質問をぶつけてみるが、アンジェロはカメラが左方向にあるからそっちを向くこと、写真映えするように大げさなポーズをとることの2点が重要だと言った。

もっと注意すべきことがあるだろう。反論する暇もなく、陽気な声でカウントダウンが始まる。もう覚悟を決めるしかなかった。

5…4…世界がスローモーションになり、とりとめもない思考が溢れ出す。

そういえば。昔は結婚するなんて思ってもみなかった。ひとりのほうが気楽だと信じていたから。結婚になんの意味があるのかわからなかった。

3…2…冷えた脳みそがキュルキュル回転する。アンジェロの声が遠ざかっていく。

それでも結婚したのは、2人のほうがなんか面白そうだったから。ただそんな気がしたから。それはポーラー・プランジと似ている。南極に飛び込む意味はわからないけど、やっぱり飛び込んだ。

1…0。ジャンプ。

宙に放り出されたのもつかの間、着水ないし着氷した身体は透明な海を沈んでいく。不思議と冷たさは感じない。静寂の中、目を開いて海中を見渡す。3000万年の大陸から張り出した巨大な氷が、海中に横たわっていた。

青く光る氷塊にはところどころ深い亀裂が走っていて、よく見るとその奥には**暗い暗い闇が広がっている**。甘くて妖しい闇である。青と白の狭間に存在していたその黒色は、途方もない年月が作り出したコントラストの芸術だった。吸い込まれるような美しさに思わず手を伸ばそうとしたところで、ぐいと腰に引力を感じて、そのまま力強く船に引き上げられた。

アンジェロに紐でずるずると引かれる様子は、まるで網漁である。アシカみたいにベロンと打ち上がった僕は、そこで初めて猛烈な寒さを覚えた。

慌ててタオルを羽織って「Crazy…」と呟きながら船内に駆け込み、用意されたウォッカを流しこむ。冷えた内臓に、燃えさかる酒が染み渡った。そのあと落ち合った奥さんが撮った写真を見せてくれて、いいポーズだねと褒められた。アンジェロのアドバイスの賜物だ。

船が出発する。窓には相変わらず青と白の景色が広がっているが、しかしこれまで何日も見てきた姿とはまったく異なっていた。脳裏には幻想的なあの黒のイメージがまだ焼き付いていて、それがこの大陸の鮮やかさをますます際立たせていたのだ。

予定になくても、意味がわからなくても、ただ心の赴くままに飛び込んでいく。そうして飛び込んだ先が温泉じゃなくたって、きっと違った色を見ることができる。そうやって僕の視界は、これからもアップデートされ続ける。

13549000

m

南アフリカ

13549000メートル

止まれない赤信号、青い鳥、マルコムの誤報

信号が灯る。止まるか、進むか。迷うことなくアクセルを踏む。周りの景色は見えなくなって、熱で浮かされた身体が海を羽ばたいていく。

僕が働く会社のロゴは、ツバメだ。だから会議室にもそれぞれツバメの名前がつけられている。たとえば「リュウキュウ」という会議室は、リュウキュウツバメというツバメに由来がある。他にも「コシアカ」ツバメに「ニシイワ」ツバメ。会議室を利用するたびに、世の中にはたくさんのツバメがいることを知る。

そして中でも、ひときわ異彩を放つ部屋があった。その名も「クロハリオ」。響きに違和感があって、どうも口に馴染まない。なんだかその存在が気になって、ネットで名前を検索してみた。しかしほとんど情報が見つからない。唯一、英語で〝Blue Swallow〟と呼ばれることだけがわかった。青いツバメ。幸せの青い鳥とか言うし、いかにも縁起がいいではないか。僕はますますクロハリオについて知りたくなって、同僚と一緒に鳥の専門家を訪ねることにした。

メガネをかけたその専門家は、いかにも専門家らしく、穏やかな口調で、しかし鳥のことになると熱く語り始めた。世の中には多種多様な鳥がいて、最近ツバメの保護活動が進んでいて……。だがようやく肝心のクロハリオに話題をふると、彼は首を傾げてこう言った。

「そんなツバメ、いたっけなあ？」

何冊もの分厚い図鑑を取り出してきた専門家は、すごい勢いでページをめくっていく。我々は麦茶をすすりながらそれを眺める。しばらくして専門家が指を止めた先には、尾のすらっと伸びた青い鳥が描かれていた。クロハリオだ。クロハリオの「ハリオ」は、針のような尾を指していた。

図鑑を読んでわかったのは、まずアフリカにしかいないこと。特に南アフリカを中心に生息しているらしい。そしてレッドリストにも登録された絶滅危惧種であること。5年前の時点で既に1000匹しか確認されておらず、環境破壊によって年々その数が激減しているのだ。検索しても出てこなかったのは、そういう事情があったわけである。

さらに追加情報として、BBC制作のとあるドキュメンタリー番組を発見した。絶滅危惧種を保護すべく、まさに南アフリカでクロハリオに密着するという番組だった。

映像には、クロハリオが草原を飛び回る姿が捉えられている。太陽に反射して輝くその青色は、僕の目を釘付けにした。綺麗だ。自然とそんなひと言が漏れた。

「もし撮影に成功したら、日本人初じゃないですかねえ」

専門家はそう言った。僕は同僚と顔を見合わせた。クロハリオの由来が知れた。暇な夏休みの自由研究としては十分な成果だ。会社に持ち帰ったら、きっと感心されることだろう。

だが僕は、抑えきれない衝動をすでに抱えてしまっていたのだ。

この滅びゆくツバメを見たい。

そう思った時点で、すでに旅は始まっている。幻のツバメが、僕の意識を遠く離れたアフリカ大陸へと接続した。

そうして2か月後、奇しくも酉年の秋。僕は同僚と長い有休をとって、南アフリカへと旅立つことになったのだ。

海外旅行が初めてだという同僚のYは、機内サービスでビールが出てくることに驚き、飲み放題だ！　と喜びながら一缶でつぶれていた。もう一人の同僚・カメラマン役のSは、カメラの整備に熱心である。今回クロハリオを撮影するために、とっておきの機材を取り揃えてきたらしい。二人の寝息と解説を聞きながら、26時間の旅路を経てヨハネスブルグへ到着した。

南アフリカでは赤信号で止まってはいけない。出発前、現地に住んだ経験のある知人にそう忠告された。とくに首都ヨハネスブルグでは、赤信号で止まるとすぐに強盗に襲われるというのだ。車の窓を割って強引に物を奪い取ることを「**スマッシュ＆グラブ**」と呼ぶらしい。必殺技みたいで格好いいが、治安が最悪すぎる。

冗談かと思っていたら本当にどの車も止まらない。信号が変わりそうになると猛スピードで駆け抜けていくか、スピードを減速させジリジリと進み続ける。路上には手ぶらで車を睨んでいる若者たちが大勢いて、震えながらレンタカーを走らせる。

南アフリカといえばサファリやケープタウンが有名であるが、我々はそういう場所に目もくれず南へと向かう。目的地は名もなき山の中にある、とある仏教寺院だった。

クロハリオが南アフリカにいることは突き止めたものの、その生息地を特定するのは困難だった。なにせ世界に1000匹もいないのだから、闇雲に探しても見つかるはずがない。手がかりになるのはBBCの番組だけ。目を皿のようにして繰り返し再生するうちに、0・5秒ほど、とある看板が映っていることに気づいた。その看板には小さく「仏教寺院」を意味する文字が書かれている。ネットで検索すると、その仏教寺院はヨハネスブルグから600km離れた「イクソーポ」という地域にあるらしい。

どれだけ調べても情報はそれっきりだったので、その0・5秒の映像に賭けて1万3000kmの道のりをやってきた。たまたま映った関係のない看板だったりしたら、すべてが無駄足になる。不安と期待が10：0のまま、我々はついにその寺院へと到着した。

アフリカ大陸では仏教徒は少数派だが、その半分以上が南アフリカに在住している。ここは寺院と宿を兼ねた施設で、アフリカ中から信徒がやってくるらしい。敷地は見渡す限りの山々に囲まれ、雄大な自然の中で日々瞑想が行われている。

日本からの来客は珍しいようで、管理人の女性は笑顔で歓迎してくれた。ツバメを探しに来たんですと言うと、どうやら我々をテレビクルーだと勘違いしたらしい。都合が良いのでそういうことにしておく。彼女は言った。

「私たちは、ここでブルースワローを保護しているの。ツバメたちが営巣できる環境を守っているのよ」

やったぞ。あの0・5秒の看板は間違っていなかったのだ。やはりこの広大な土地のどこかに、幻のクロハリオがいる。あとは巣の場所を教えてもらって……。

「このエリアでは、2組のつがいが生息しているわ」

へ～2組。

2組?

4匹ってこと?

唖然とした。地平線の向こうまで広がる敷地に、たった4匹のツバメしかいない。さらに悪い知らせとして、巣の場所はわからない、と彼女は言った。クロハリオは毎年冬になると赤道近辺まで移動してしまうため、毎回営巣地が変化するらしい。しかも土中に巣を作るので、それを見つけるのは至難の業だという。だがここまで来たのだから、もうやるしかない。

こうして昼は草原でひたすらツバメを探し、夜は仏教寺院で過ごす日々が始まった。寺院のルールとして食事中はおしゃべりが禁止されており、朝食は3人並んでただ黙々と薄い粥を口に運ぶ。夜は他の宿泊客と瞑想をし、日が昇る前に起き出しては双眼鏡を持って草原を駆ける。ヘトヘトになるまでツバメを探し終わったら、また寡黙に粥を食って寝る。想像していたアフリカ旅行と違う。

そうしてすぐに3日が経過したが、進捗はまったくなかった。もはや飛んでいる鳥全部が怪しく見えるが、BBCの映像で見たあの青色とはやっぱり程遠い。

ある時、大量の機材を背負ったカメラマンSがあっと声をあげた。何かを発見したのかと思いきや、草原の真ん中で動けなくなっていた。突然の腰痛にやられたらしい。不自然な姿勢で撮影を続けたのと、それから瞑想が腰に悪かったのだと思う。彼を引きずりながら、僕は考えていた。あと2日。自分たちだけではもう限界ではないか……そうして我々は次の日、新たな仲間を迎えることになったのだ。

「ブルースワローが簡単に見つかると思うな。あれはもうすぐ絶滅する鳥なんだ」

その男性は、会うなり我々に釘を刺した。初老の男は名を**マルコム**といい、この地域のガイドを務めているらしい。管理人に頼んで、現地の専門家を雇うことにしたのだ。

それからマルコムはスパルタ教師のように我々を指導した。クロハリオを別の鳥と間違えたときには、容赦無く叱責された。雇っているのに。

ただ彼は我々の知らなかった貴重な情報をいくつも教えてくれた。まずクロハリオを狙うべきは午前中。そして撮影場所を水辺の近くに限定することで、遭遇できる確率が上がるらしい。

マルコムに叱られながら、大草原の中でベストと思われる布陣を敷く。近くには太陽に照らされた大きな水たまりがあり、息を殺してカメラを構えた。

しばらくして、マルコムが鋭く囁いた。

「Blue! Blue Swallow!」

慌てて目をやると、尾の長いツバメが空中を回っている。ついにこの時がやってきた。全員に緊張感が走る。その姿を必死に捉えようとするうちに、マルコムが言った。

「Not blue.」

マルコムの見間違いだった。あんなに我々には厳しかったくせに、マルコムは気にも留めずに次行こう次、みたいな顔をしている。この男、自分には甘い。

その後もマルコムの「Blue!」からの「Not blue.」が何度も続き、毎回振り回された。だんだん我々も目が肥えてきて、彼の言葉を疑うようになった。結局その日もクロハリオは見つからなくて、いよいよ最終日を迎えることとなる。

日が経つにつれ、焦りから起床時刻が早まっていた。最終日は2時に起きた。もはや夜である。無言で暗い山道を静かに出発する。果たして今日こそは撮影できるのか。重苦しい不安が車内にのしかかり、タイヤが砂利を砕く音だけが響く。

今日の撮影スポットもいつもと同じ。ここまできたらマルコムを信じるしかない。おなじみの所作で機材をセットし、夜が明けるのを待った。

そして何時間も経って、そろそろ日も高く登ろうかとする時。それは突然に現れた。毎度のマルコムの「Ｂｌｕｅ！」がきっかけだった。確かに鳥が飛翔しているが、どうせ誤報だろうと思いながら双眼鏡を覗いた。すると一瞬だけ、レンズの端っこを青いツバメが通過したのだ。

クロハリオだ。

これまで目にしてきたツバメとは明らかに違う。長い尾と、海みたいに青い翼。図鑑と同じ姿だ。しかも2匹いる。つがいである。広い敷地に生息する4匹のうちの半分が、最後のタイミングで現れたのだ。

しかし急いで撮影しようとしたところで、新たな問題が浮上する。撮るのがめちゃくちゃ難しい。小さくて素速い上に、その軌道は予測できない。レンズに捉えたと思ったら急にくいんと曲がったりして、シャッターをきるタイミングがわからない。もはや自分で撮影するのは諦めて、カメラマンSにすべてを託すことにした。

日が昇りきると、ツバメは巣に帰ってしまう。時間的にこれがラストチャンスだ。しかしSは途中でガクッと膝をついた。不穏な予感が頭をよぎる。まさかここにきて、また腰をやられたのだろうか。慌てて駆け寄ると、彼はうつむいたままカメラを掲げた。そこには確かにツバメが写っていた。終わりゆく腰を犠牲にしながら、それでも彼はシャッターを切り続けていた。

マルコムにカメラを渡す。メガネを外してまじまじと画面を見つめたあと、彼は笑顔でこう言った。

「Yes, Blue.」

それが。それが聞きたかったんだよ！ 我々は歓喜に包まれた。幻の青いツバメを、絶滅寸前のクロハリオを、おそらく日本で初めて撮影できたのだ。

空中に舞い上がった水しぶきが、青い翼に眩しく反射している。まるで図鑑からそのまま飛び出してきたみたいだ。重力から解き放たれたその軽やかな軌道に、我々は時間を忘れて見とれていた。1万3000kmの末にたどり着いた、滅びゆく幸せの象徴がそこにいた。

◇

あれから数年が経ったが、クロハリオが滅びたという話は聞かない。マルコムを中心とした団体が、懸命な保護活動を続けているのだろう。

ただ今でも思い出すのは、実物のツバメよりも、むしろ初めて映像でその姿を見たとき。あのとき覚えた衝動。それこそが僕にとっての、幸せの青い鳥だった。

僕はそういう青い鳥を、いつまでも探し求めている。たとえ信号が灯っても、熱に浮かされながらアクセルを踏み続けたいのだ。

Cyprus
Sea
Port Said
Jerusalem
Alexandria
Cairo
Suez
Egypt
Nile
Medina

11525000

m

モロッコ

11525000メートル

ラバの糞、ハムザの涙、黒魔術師の金せびり

初めての旅というのは、どうにも脳裏に焼きついて離れない。鼻をつく香辛料の匂い、破れたシャツにチェーンの切断面、ラバの糞を踏む感触、静かに流れる透明な涙。いまでも手で触れられるような記憶は、宝石たちの中でもひときわ強く輝いている。

上京して、大学一年生の夏休み。初めての海外ひとり旅の行き先は、モロッコだった。大学生＝バックパッカーであると誤認していた僕にとって、それはようやく訪れた待望の機会。モロッコにはエキゾチックで混沌としたイメージに憧れがあったから、最初の旅はここだと決めていた。

ひとりで乗る飛行機はそれだけで冒険だ。手荷物検査を通過するたび、機内食を選ぶたび、どんどん大人になっていく気がする。機内では興奮で眠ることなどできず、映画を5本観ていたらあっという間にカサブランカについた。ハイになりながら空港に出ると、強い香辛料の匂いが鼻をついた。

はち切れんばかりに膨らんだバックパックを背負った僕は、お手本のようなカモだった。タクシー運転手や自称ガイドの大群が押し寄せてきて、どこへ行くのかと詰問してきた。振りほどいてもほどいても、彼らは僕のシャツを掴んでくる。

モロッコは当時バックパッカーの間でインドとエジプトに並んで**「世界3大ファッキンカントリー」**と呼ばれており、度の過ぎた客引き行為には定評があった。だから僕も毅然とした態度をとろうとしたが、百戦錬磨の客引きたちに旅の素人が太刀打ちできるはずもない。

あまりのしつこさにパニックになった僕は、「Ｎｏ！」と叫びながら走り出していた。しかし荷物が重くて動きがのろい。すぐに追いつかれてシャツを引っ掴まれて、半ば強引にタクシーへ押し込まれた。

僕のシャツは黒くすすけ、端っこが破れている。もはや誘拐である。運転手は白い歯を見せてニカッと笑って、どこへ行くのかと尋ねた。僕は最寄りの鉄道駅を指名した。

そこは空港からでも歩ける距離で、案の定3分で着いて、きっちり相場の2倍の金額を取られた。

困難は続く。乗車券を買おうと長い列を待つこと30分、やっと自分の番が巡ってきたと思ったら駅員に知らない言葉で怒鳴られた。そしてもう一度列の最後尾へと追いやられる。なんなんだこれは。フツフツと怒りが湧いてきた。それはモロッコに到着して以来、やられっぱなしの僕に初めて湧いてきたエネルギーだった。

また30分後自分の番が回ってきて、同じように駅員が怒鳴ってきたが、ヤケになった僕は英語と日本語を混じえて怒鳴り返した。ふざけるな、こっちはずっと並んでいるんだぞ。そうしたら何故かあっさり乗車券を買えた。どういう仕組みなのかはわからないが、旅での処世術を学んだ瞬間だった。

一番安い二等車の席は現地人ですし詰め状態だったが、成功体験を得た僕に怖いものはない。3席にまたがっていたおっさんを押しやって座り、ほっと一息ついた。電車がゆったりとしたリズムで走り始めると、これまでの疲れがどっと襲ってきて、深い眠りに落ちた。

目を覚ますと1時間以上が経過していた。幸い寝過ごしてはいないようだ。ガイドブックを取り出そうと、棚に乗せたバックパックに手を伸ばしたところ空をつかんだ。冷たい予感が背筋に走る。慌てて立ち上がって確かめると、そこにあるはずのバックパックはなくなっていた。防犯のため幾重にも巻きつけておいた**チェーンは見事にすっぱり切断されている**。盗まれたのだ。

あれだけバックパッカーに憧れた僕は、早々にバックパッカーではなくなった。

駅員に喚いて、そしたら怒鳴り返されて。次の駅で警察に駆け込んで、そしたら軽くあしらわれて。なすすべもなく困り果てた。幸い貴重品類はポシェットに忍ばせていたものの、着替えもガイドブックも全部失った。途方に暮れていたら、スキンヘッドの男が片言の英語で話しかけてきた。

藁にもすがる思いでその見知らぬ男に事情をぶちまけた。話だけでも聞いてもらいたかった。男は何度か頷いたあと、俺の家に来いと僕を誘った。泊めてくれるというのだ。普通ならば警戒すべき場面だが、憔悴しきっていた僕は彼に頼ることにした。もう盗られるものはないし、行くところまで行ってやろう。半ばやけっぱちになって、男の車に乗り込んだ。

トヨタのトラックが荒野を駆けていく。街の中心部から少し離れると、ゴツゴツした砂漠が広がっている。1時間ほど走ったのち降ろされた場所には、小さな家がポツンと立っていた。ここで初めて恐怖を覚えた。盗られるものはないと言ったけど、命まで盗られてはかなわない。だから男が扉を開いたとき、僕は思わず身構えてしまった。家の中からは小さな子どもたちが飛び出してきて、男は大きな腕で彼らを抱きしめた。

コンクリートの家の中には、10人の大家族が住んでいた。中でも**ハムザ**という青年は僕と同い年だったので、すぐに仲良くなった。ハムザは英語を話せたので、彼を介して家族と会話した。彼らは親身になって僕を心配してくれて、しばらくここへ泊まっていきなさいと言った。無料で泊めてもらうのも悪いので、代わりに家の手伝いをすると申し出て、こうしてその日から**家族との同居生活**が始まった。

奇しくも季節はラマダンで、僕は一緒になってイスラムの風習を過ごした。ラマダンでは、日の出ている間は一切の飲み食いができない。だから日の出前に起き、真っ暗闇で豪華な朝食を食べる。そのあとはもう1回睡眠を挟んで、日が昇った頃にお手伝いが始まる。

砂漠の家には水道もガスも通っていなかった。毎朝ハムザと一緒に水を汲みにいき、薪を割って火を起こした。そうして忙しく働いているうちにあっという間に灼熱の太陽が高くのぼり、生唾を飲みこんでぐっと渇きに堪える。午後にはラバの散歩が待っていたが、ラバは糞をするばかりで全然動かない。

ハムザと一緒に、糞まみれになりながら汗だくで尻を叩く。そのあとは子どもたちとクタクタになるまで遊んで、日が沈むと酒の無い宴会で盛り上がり、夜は泥のように眠った。そんな日々が、1週間ほど続いた。

「ユウは、何をしにモロッコに来たの？」

ある晩、ハムザがそう尋ねてきた。ここでの日々があまりに快適で、すっかり目的を忘れていた。僕はバックパッカーになるためにこの国に来たのだ。帰りの飛行機まであと10日間。このままではホームステイで終了してしまう。ふと名案を思いついて、ハムザに提案してみた。

「旅費を僕が持つから、モロッコをガイドしてくれない？」

「する!」

目を輝かせたハムザが食い気味に答えた。彼は普段から、この街を出たいとよく口にしていたのだ。それに僕も初日の経験がトラウマになっていて、信用できる現地人と旅行するのが安全に思えた。

出発の日。お母さんは大盛りの弁当を用意してくれて、お父さんはリュックサックをプレゼントしてくれて、子どもたちは手を大きく振って見送ってくれた。ラバは相変わらずぐわーと鳴いて、特大の糞を発射した。いっぱしのバックパッカーを取り戻した僕は、ハムザと一緒にマラケシュという街に向かう。

マラケシュほどエネルギーに満ち溢れた場所は珍しい。一歩足を踏み入れただけで、はちきれんばかりの熱が伝わってくる。ヨーロッパから、大西洋岸から、そしてサハラ砂漠から、あらゆる土地の人々が集い、あらゆる品物が売買される。その中心となるの

が、ジャマ・エル・フナ広場だ。

昼間はだだっ広い空間だった広場には、夜になるとどこから現れたのか、無数の屋台が集まってくる。屋台の灯りは地平線の向こうまで連なり、フナ広場を黄金郷に変える。あちこちでケバブを焼く白い煙が上がり、エスカルゴの大鍋がじゅうじゅう音を立て、搾りたてのオレンジジュースの香りが漂ってくる。

路上ではそこかしこで大道芸が繰り広げられ、人々が喝采を送っていた。アクロバットやベルベルダンス、ボクシング、蛇使いや猿回しなどが大勢の観客を集める一方で、怪しげな占い師やガラクタ売り、入れ歯売りなんかもいる。

ハムザはとある**黒魔術師**に強い興味を抱いたようで、その場を離れようとしない。黒魔術師はドスの聞いた声で、いまから魔術で大きな壺を動かすという。ハムザは目を丸くして眺めているが、全然動く気配はない。

黒魔術師は頭を抱え、**チップが足りないからパワーが出ない**と抜かした。驚いたことに、それを聞いたハムザは慌ててポケットから小銭を取り出して投げた。黒魔術師は「あ~もうちょっとで動く！　もうちょっとチップを~」みたいなことを叫んでいる。小銭が投げられる。黒魔術師が喚く。僕はオレンジジュースを飲みながら、その光景に魅了される人々を眺める。

マラケシュではこんな風景が、毎日朝まで続くのである。平日だろうが、ラマダンだろうが関係ない。この街のパワーは留まるところを知らない。

「ファッキンカントリー」の真髄を知ったのは、世界一複雑な迷路の街「フェズ」だった。1000年以上も前に造られたこの旧市街は、今もなお昔のままの姿を残している。外敵の侵入を防ぐための細い道が網の目のように入り組み、壮大な迷宮を形成しているのだ。

この迷路に一度足を踏み入れたが最後、自力で脱出するのは非常に骨が折れる。ましてや当時はスマホもなく、案内所でもらったボロボロの地図と方位磁石だけが頼りだ。細い路地をラバにぶつかりながら進み続け、その結果もといた場所に戻ってくる。そんな漫画みたいなことが何度も起きる。

そうすると登場するのがもちろん**自称ガイド**で、どこからか虫のようにワラワラと湧いてきては強引に肩を掴んでくる。

「おい、俺のほうがいいガイドだぞ」

どうやらハムザのことを僕の雇ったガイドだと勘違いして、客を奪おうとしているのだ。さらに彼らの酷いのはすぐに逆上してしまうところで、フレンドフレンドとつかんでくる腕を振りほどいただけで、

「フレンド！　フレ……**ファック！　ファックユー！**」

このように豹変する。豹変しすぎである。そんな調子だからついにはハムザがつかみ合いの喧嘩を始めてしまった。どんどん野次馬が集まってきて、ちょっとした騒ぎになった。原因であるはずの僕は置いてけぼりで、仕方がないからまたオレンジジュースを飲む。オレンジジュースだけはどの街でも等しく優しい。

◇

そうしてモロッコをぐるっと小さく一周し、最終地点である港町タンジェに到着した。僕はこれからスペインに渡り、バルセロナから日本へ帰る。つまりハムザとはこの場所でお別れだ。

ホームステイも合わせると約2週間、ハムザとは毎日一緒にいた。好きな女の子について語ったり、神について語ったりした。お互い下手な英語でしどろもどろだったけど、不思議とすべての話が通じた。

風が潮の匂いを運んでくる。カモメが上空でくるりと旋回した。なんとなく気まずくなって、ハムザがフェズで騒ぎを起こしたことをからかってみた。するとハムザは真剣な顔で反論する。

「だってユウは大切な友人なのに、僕の客だなんて言うから」

ハムザにはそういうところがあった。照れ臭くなって、僕は笑ってごまかした。

船着場には大型の旅客船が泊まっている。スペインに向かう船である。ジブラルタル海峡では、イルカが見えることもあるらしい。イルカの群れが、キラキラ光る海を飛ぶように泳いでいく景色を想像する。

ふとハムザのほうを向くと、彼は静かに涙を流していた。突然のことに面食らって、僕は固まってしまう。構わずハムザは言った。

「僕は多分、この国から出ないまま死ぬ」

カモメが軽やかに舞う。パスポートも持たずに、するりとジブラルタル海峡を越えていく。

「だから代わりに、ユウにはいろんな景色を見てほしい」

ハムザの涙は、旅への渇望だった。

僕は思わず、いつか日本へ招待するよと言った。軽薄な言葉を漏らしたことに、すぐに後悔の念を覚える。それでもハムザは楽しみにしていると答えた。彼は壺が本当に動くまで、黒魔術師に小銭を投げられる人間なんだ。

別れの握手をしようとしたら、突然警察官が話しかけてきて、ハムザと口論を始めた。警察官は僕のほうをしばらく睨んだあと、ふんと鼻を鳴らして立ち去っていく。

「僕がユウを騙してるんじゃないかって言うんだ。モロッコではそういう事件が多いから」

ハムザは悲しそうに笑った。

「まったく、変な人だよな」

汽笛が鳴る。船が出発する。到着した時とは違うリュックを背負った僕は、果たしてバックパッカーになれたのだろうか。

◇

帰国してしばらくハムザとは連絡をとっていたけど、いつの間にかそれも途絶えた。旅の途中に芽生えた仲なんて、だいたいそんなものなのかもしれない。

だけど僕は、ハムザが願った通りにその後たくさんの景色を訪れた。鼻をつく香辛料の匂い、破れたシャツにチェーンの切断面、ラバの糞を踏む感触、静かに流れる透明な涙。

そのどれをも忘れてしまわないように、こうして本を書いているのだ。

Teheran
Bagdad
PERSIA
Ispahan
Bushire
Gombroon

9159000
m

イスラエル

9159000メートル

白い便器、労働の禁止、マクドナルドと機関銃

「航空券ガチャ」と呼んでいる遊びがある。スカイスキャナーという航空券サイトで、行き先を「すべての場所」と指定する。そうすると、世界中の都市への航空券がランダムで表示されるのだ。

ある日、暇だった僕はガチャを回し続けるとどうなるのか気になって、1日サイトに張り付くことにした。画面にはバンコクや香港といったおなじみの都市が並んでいるが、根気強く更新を続けていると、突然「イスラエル」という文字が目に飛び込んできた。あっと叫んだ。Sレアカードだ。思わず買った。フライトは翌週だった。急遽有休をとって、次の週に飛行機に乗り込んだ。

イスラエルについて調べる暇もなかったので、飛行機の中でガイドブックを読んだ。そこには「とりあえず入国審査がマジ厳しくてやばい」というようなことが書いてある。特に旅程について質問攻めに遭うらしい。

ガチャでチケットを買った僕に旅程などない。何を尋ねられても大丈夫なように、架空の旅程を説明する練習を機内で行なった。特に「エルサレム」の発音が慣れなかったので何度も反復した。「ル」にアクセントを置いて、**ジュルサレーム**、と発音する。ジュルサレーム。ジュルサレーム。18時間のジュルサレームを経て、ようやく空港に到着した。

飛行機を降りると間もなく、噂の入国審査が始まった。審査官は死んだ目で僕の顔に目をやったあと、つまらなそうに欠伸(あくび)をしてひと言、「Bye」とパスポートを投げ返してきた。あまりにあっけなかった。ガイドブックの情報は古かったのだ。今やイスラエルの入国審査はザルらしい。ジュルサレームの発音だけやたらうまくなって、僕はイスラエルの地に降り立つこととなった。

長旅を経て、腹がペコペコだ。たまらず飛び込んだ空港のフードコートでは、マクドナルドに並んだ若い女性たちが楽しそうにおしゃべりをしていた。世界中どこでも変わらない景色だ。一点違うのは、**全員がアサルトライフルを背負っている**ことである。あとから聞いた話だと、徴兵制度のあるイスラエルでは、兵役中に銃を失くすと刑務所行きになるらしい。だから銃とは常に一心同体で、寝床でもビーチでも肌身離さず持ち歩くとのことだ。スマホ感覚である。アサルトライフルを眺めながら食べるハンバーガーは、東京とまったく同じ味がした。

さて、今回の旅の**宿はすべてAirbnbで手配する**つもりだ。物価の高いイスラエルでも比較的安く済むし、なんといっても一人旅の醍醐味は現地人との交流であろう。空港での苦い記憶を飲み込み、僕は来るべき温かい異文化交流に胸を弾ませる。日本からお土産のポッキーも持ってきた。プレミアムポッキーだ。きっと喜んでくれるはずだ。

最寄りのバス停で降りると、閑静な住宅街だった。時差ボケでふらつきながら予約したアパートを探す。今日の気温は34度。太陽がジリジリと照り付ける。20分ほど歩き回り、やっとのことで場所を突き止めた。住宅街には馴染まない、清々しいまでのボロアパートだった。

壁の塗装は剝がれ配線が露出し、剝き出しになったケーブルにはツタが絡みついている。ヒビの入った塀は今にも崩れそうで、アパートというより廃墟である。すっかり色あせたドアを押し開くと、キキキと不快な高音がした。

アパートのホールは外からの光が差し込まず、昼だというのに真っ暗だ。電気のスイッチも見当たらない。スマホのライトをつけると、正面に階段が見えた。階段の奥にはまた暗闇が広がっていて、しんと静まり返っている。冷たい汗がポトリと落ちた。意を決して中に足を踏み入れる。

しかし、ここですぐに問題が発覚した。Airbnbのページをよく読むと、部屋番号が記されていないのだ。これではたどり着けない。たまらずホストに電話するも、何度かけてもつながらない。万事休すかと思われたが、ホストからの事前メッセージにヒントがあった。**「鍵はドア前のカーペットの下に置いとくよ」**と書いてあったのだ。

静寂と暗闇の廃墟で、僕はあらゆる部屋のカーペットを片っ端からめくり始めた。

1階、4部屋。ない。全身から汗が噴き出してくる。

2階、4部屋。すべてない。
僕の足音とため息だけが、階段の踊り場にこだまする。
3階。ない。カーペットをめくるたびに埃が舞い上がる。
汗がべったりまとわりついて気持ち悪い。

イスラエルまで来て、なんでカーペットをめくり続けているのかわからない。どんどん鬱屈してくる気持ちを紛らわすために、僕はなにか鼻歌でも口ずさもうと思った。しかし疲れた頭に浮かぶのは、かつて何度も反復した「ジュルサレーム」だった。

1枚めくってジュルサレーム。
またもめくってジュルサレーム。

呪文を唱えながらカーペットをめくる。発音はよいが鍵はない。すべてのカーペットをめくり終わり、住人に不審な目で見られていることに気づいたところで、僕は逃げるようにボロアパートを立ち去った。
その日は普通に1万円くらいするホテルに泊まった。夜ご飯にポッキーを食べた。

ベッドがふかふかでよく眠れた。

◇

エルサレム、もといジュルサレームの中心部には、わずか1㎢という狭いエリアに3つの宗教の聖地がある。そこではユダヤ教・キリスト教・イスラム教の信者たちがひしめき合い、歩いているうちにコロコロと人種が変わり、文字が変わり、匂いが変わっていく。

街についた金曜日は**「シャバット」**と呼ばれるユダヤ教の安息日だった。シャバットには一切の労働をしてはならない。あらゆる店が閉まり、公共交通機関もすべてストップする。仕事はもちろん、家事も労働として禁止される。**エレベーターのボタンを押すことすら「労働」**とみなされ、シャバットの間はエレベーターがすべての階に自動停止するという話まである。

前日の失敗にもめげず、やはり現地人との暖かい交流を求めAirbnbを予約した僕は、シャバットに沸き立つ旧市街を抜けて町外れへと向かった。指定された場所には立派な一軒家がある。これは当たりかもしれない。

インターホンを押すと、中からキッパ（ユダヤ教徒の帽子）を被った小太りのおじさんが現れた。彼がこの家のオーナーらしい。

おじさんは力強く握手をすると、せきを切ったようにしゃべり始めた。英語の癖が強くてうまく聞き取れないが、とりあえずバリーという名であること、そして歓迎されているということは伝わってきた。僕は当たりを確信して、笑顔で「クール」と相槌を打った。

バリーは大きな手振りでこっちへ来いと僕を招いた。立派な一軒家は素通りして、そのまま裏庭に連れて行かれる。広い裏庭はよく言えばありのままの姿、悪く言えばなんの手入れもされておらず、雑草が膝まで生い茂っていた。

草木をかき分け進んでいくと、突然目の前に白い物体が現れた。**便器だった**。荒れ果てた庭の真ん中に、真っ白な便器が鎮座していた。バリーはこれが僕専用の「バスルーム」だという。バスルームは便器を中心に構成され、高さ1メートルほどの木板が便器をコの字で囲んでいる。

入り口はシャワーカーテンで仕切れるようになっていて、木板からはシャワーヘッドが生えていた。バリーの自作らしく、お湯も出るんだぞと得意げであった。薄汚れた木板に便器だけが新品のようにピカピカで、まるでショールームから便器がワープしてきたみたいだ。

そして、バスルームの隣に併設された物置みたいなスペースが僕の部屋だった。物置もその辺で拾ってきたような木材で建てられていて、剥げた赤いペンキがなんとも言えない哀愁を醸している。おそらくこれもバリーが作ったのだろうが、先に見た立派な一軒家との違いに僕は失望の色を隠せない。入り口の前には洗濯機が転がっていて、「いま修理中なんだ。申し訳ない」とバリーは謝ってきた。謝るポイントが違うだろうと思った。

物置の扉には南京錠がかけられていたが、Airbnbの紹介文に書いてあった「スマートロック付き」という説明は多分この南京錠を指している。扉を開けると中には窓がなく、小さなベッドだけが置かれていた。灰色を基調としたシンプルなデザインで、まるで独房を思わせる。「気に入ったか?」と尋ねられ、僕は「クール」と答えるしかなかった。

その夜、独房で寝転んでいると、いきなり扉が開いてバリーが入ってきた。スマートロックの意味はなかった。何かと思ったら、どうやら一軒家でのディナーに招待してくれるらしい。シャバットのディナーは特別だから面白いよ、とバリーは言った。僕は喜んで参加することにした。

立派な家である。部屋には豪華な飾り付けもされている。食卓につくと、バリーがシャバットの儀式を開始した。まず赤ワインに祈りをささげ、それを一息に飲む。奥さんも、小さな子どもたちも一緒に飲む。次に、何分もかけて念入りに手を洗う。最後にパンに祈りをささげ、一口かじる。ここまでを無言で行う。パンを食べ終わったらしゃべってもよい。

タイマーが鳴り、奥さんが鍋からスープを取り分けてくれた。シャバットの間は家事をしてはいけないので、シャバット専用タイマーが家のあちこちにあるらしい。前日のうちにタイマーをセットしておけば、シャバットの夜に鍋が温まり、風呂が沸くのだ。労働の線引きとは難しい。

異文化を体験し、子供たちと遊んで、僕はとても充実したひと時を過ごした。これぞ求めていた、現地人との暖かい交流ではないか。酔っ払ったバリーは自分の日曜大工の腕を自慢してきたが、それすらも微笑ましく思えた。夜更けまでひとしきり楽しんだあと、シャワーを浴びて寝ることにした。

暗闇をライトで照らしながら、草木をかき分けバスルームを探す。便器がライトに反射して妖しく光った。ここだ。脱いだ服とライトを脇に置き、おそるおそる蛇口を捻った。ほんの少し緩めただけで、木板に生えたシャワーヘッドから冷水の激流が吹き出した。

ガタガタと暴れ、今にも木板から飛び出してしまいそうである。慌てて蛇口を逆に回すと、ピタッと水は止まってしまった。緩めたら鉄砲水、閉めたら静寂。100か0かだった。お湯が出ることはなかった。

イスラエルは昼夜の寒暖差が激しい。僕は震えながら、暴れるシャワーヘッドを押さえつけ頭から水を浴びた。それは滝行のようで、寒さのあまり途中で思わず手を離してしまった。**シャワーヘッドがぐるりと回転し、水圧でカーテンとライトと僕の服を吹っ飛ばす**。ライトはそのままどこかへ転がっていってしまったので、途端にあたりが真っ暗になった。

シャワーヘッドは水を撒き散らしながら回転し続けている。僕は寒空の下、一人全裸で空を見上げた。まばゆい星に白い月が細く浮かんでいた。どこかで犬の遠吠えが聞こえた。

独房に戻り、布団にくるまっても震えは収まらなかった。文字通りクールだった。部屋の外では、修理中の洗濯機がガタガタと機械音を奏でていた。

次の日、僕は1万5000円のホテルを予約した。

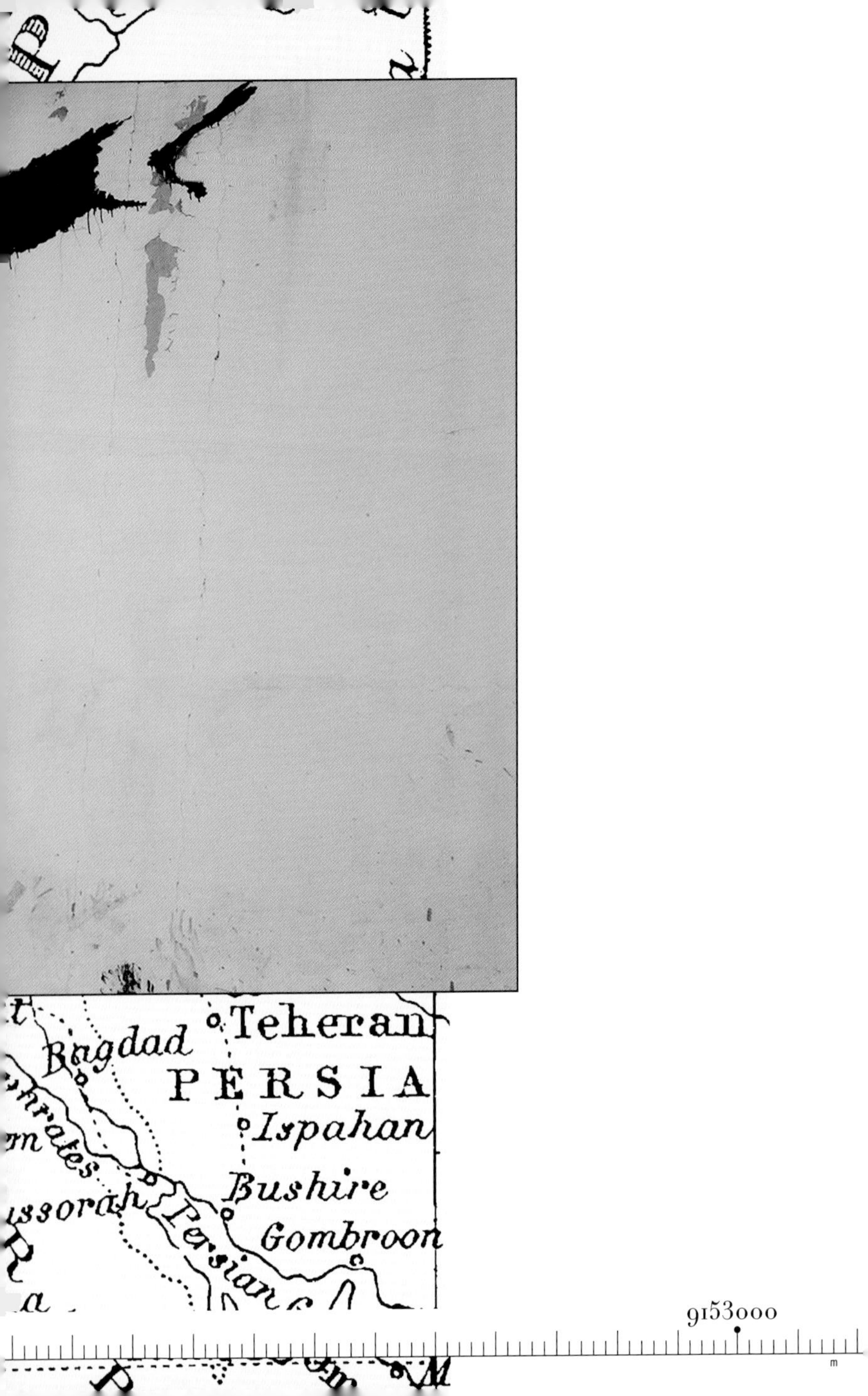

Teheran
Bagdad
PERSIA
Ispahan
Bushire
Gombroon
9153000
m

パレスチナ

9153000メートル

生きた壁、バンクシー、自称ガイドのギャップ萌え

パレスチナについて、その文脈を語り尽くすことは到底できない。いくつものピースを抜き取られたジェンガのような、複雑で不安定な歴史の上に成り立つ地域だ。さしあたり旅人が押さえておくべきは、イスラエルとの仲が悪いということである。パレスチナでの宿はあらかじめとってあったが、その予約完了メールには「**このメールは印刷するな。イスラエルの空港で行き先がバレるとまずいから**」と書いてあった。

エルサレムの1万5000円の宿を発って、乗り込んだバスから見えるのは灰色の曇り空。どんよりとした空気が車内にも広がっている。しかし突然それを切り裂くように、前席の婆さんがなぜか僕に向かって喚きだした。たぶんヘブライ語だろう、何を言って

いるのかはわからないが、バスで喚き出す婆さんにろくな婆さんはいない。

気にせず無視をしていたら、ついに彼女は僕に掴みかかってきた。イスラエルではなぜかよくこういう目に遭う。僕のなにかが彼らを苛立たせるのかもしれない。その度に、ショックで思わず違う駅に降りてしまう。

仕方がないので、そこからは徒歩で向かうことにした。15分ほど歩いていると、前方に大きな壁が見えてきた。

パレスチナ自治区は、その**全域が高さ8メートルの壁で囲まれている**。この壁を分離壁と呼ぶ。分離壁は全長700㎞に及び、まるで現代に残る万里の長城だ。ただしメモリアルとしての壁ではない。文字通りパレスチナを物理的に隔離し、今でも壁としての本来の役割を果たしている「生きた壁」である。

壁の上には有刺鉄線が張り巡らされ、異様な威圧感を放っていた。僕は緊張しながら入り口へと向かったが、特に何の審査もなく、普通に徒歩で中に入れた。この壁はパレスチナから外に出る人間を見張っているわけで、その逆の流れに関心はないのだ。

壁を抜けると、まず香辛料の匂いが鼻をつく。そしてアラブ人のタクシー運転手たちが、指を鳴らしながらわらわらわらと寄って来た。昔訪れた、モロッコの船着場を思い出す。イスラエルでこのような光景に出くわすことはなく、壁が異なる文化を隔てていることを感じさせた。運転手たちがしつこく話しかけてきたが、僕は構わず歩き続ける。

無機質なコンクリートでしかなかった壁の外側に対して、壁の内側はカラフルな落書きで彩られている。落書きはペンキで描かれ、どれもが何らかの風刺やメッセージを放っていた。

バンクシーというアーティストがいる。世界的な知名度にもかかわらず誰もその正体を見たことがないという覆面芸術家だ。遊び心に満ちたストリートアートで知られており、世界中の美術館に勝手に自分の作品を展示して回った（そして誰も気づかなかった）り、落札された自分の作品を時限式のシュレッダーにかけたことなどで有名になった。最近は日本にも出没した噂もあり、その活動には賛否両論があるようだ。僕はアートについてさしたる知見がないから、議論の中身はよくわからない。

ともかく、そのバンクシーが最初にこの壁に落書きを始めたのだ。梯子を使って、壁の上の兵士から銃口を向けられながら。その作品が世に知られるようになると、その行

MAKE
HUMMUS
NOT WALLS
Sozi
36

為を真似する者が次々と現れた。そうしてこの分離壁は、いつの間にかアーティストたちのキャンバスになった。一人の落書きが、人種と文化を隔てる壁を観光名所にしてしまった。一連のエピソードには何か心惹かれるものがあり、僕をこうして壁の中に連れてきたのだ。

「道を教えてやるよ！」

タクシー運転手の一人が、まだしつこく追いかけて来る。ナイキのキャップ帽を被った中年の男だ。なかなかの粘り強さである。僕も負けじと聞こえないふりをした。色鮮やかな壁画たちを背景にキャップ帽との不毛な戦いは続いた。防弾チョッキを着た鳩と巨大なドナルド・トランプの絵を曲がったところで、探していた電飾看板が見えた。

「The Walled Off Hotel」。ここがパレスチナでの滞在先だ。何を隠そう、件（くだん）のバンクシーが開業した宿泊施設であり、「**世界一眺めが悪いホテル**」という通り名を持っている。分離壁の真横に建っているので常に日当たりが悪く、どの窓からも壁しか見えないのがその由来らしい。部屋中がバンクシーのアートで埋め尽くされているとあって、コアなファンたちが世界中からやってくる高級ホテルなのだが、相部屋の安いベッドが偶然空いていたのだ。

ホテルの受付には、ペンキと梯子が置いてあった。誰でも壁に絵が描けるよう、無料で貸し出しているらしい。色々な宿に泊まってきたが、落書きを推奨するホテルは初めてだ。チェックインを済ませると、1枚のチケットを渡された。なんでもこのチケットによって、バンクシーの作品を購入する権利を得られるという。棚には壁を表現したらしきユニークな置物がずらっと並んでいた。

正直なところ、僕にはその良さが全然わからなかった。見れば見るほど、たまに地方の観光地に売られている、どこに飾るのだろうというような木彫りの彫刻を彷彿とさせる。そして値段を見て仰天した。一番小さな人差し指ほどのサイズの作品でも、このホテルに何度も泊まれるほどの価格である。僕にはまだアートは早いようだ。一応チケットだけ受け取って、ロビーで昼ご飯を食べることにした。

ホットドッグにかぶりついていると、ひっきりなしに受付に人が訪ねてくる。バックパッカー風の若者もいれば、上品なスーツを着た老夫婦もいる。だがいずれも宿泊客ではない。全員、バンクシーの置物が欲しくてやってきたのだ。僕はファンたちの執念に感銘を受けた。しかし受付の男性は、この購入チケットは宿泊客専用なんです、と丁重に断り続けた。在庫数が限られているのだろう。

バックパックを背負った、ドレッドヘアの若者が隣に座った。目的の品が手に入らず、落胆した様子だ。僕は思わず、「なんであの置物が欲しいの？」と尋ねてみた。若者は驚いた顔をして答えた。

「だってバンクシーは本物のアーティストだよ。**本物のアーティストがつくったんだから、欲しくなるのは当然だ。**君もそれ目当てで来たんだろう？」

相部屋が安かったからです、とは言えなかった。僕は散歩に出かけることにした。

ホテルを出ると、見慣れたナイキのキャップ帽がまだそこにいた。ハローフレンドと屈託のない笑顔を見せる彼に、僕は思わず吹いてしまった。街を案内してやるよ、とキャップ帽は言う。

こういう自称ガイドにはついていかないのが旅の鉄則であるが、かといって話しかけてくる全人類を無視していると無言で旅が終わってしまう。その一人に応じてみることで、予想のつかない物語が始まる可能性だってある。たまには応じて、やっぱり騙されたりして、そういう清濁併せ呑むような姿勢が旅には必要なのではないか。

ただし殺されたりしては元も子もないので、相手はあくまでも慎重に選ぶことにする。今回このナイキのキャップ帽に決めたのは、しつこさと満面の笑顔とのギャップ萌えだった。僕はこんな風には笑えない。

すすけたタクシーが、舗装されていない道路をガタガタ走る。同じパレスチナでも、ガザ地区などの紛争地域と違って、ここベツレヘムはいたって安全な場所である。物価もイスラエルの半分ほど。ご飯も美味しく、むしろ過ごしやすいと感じたほどだ。ただ少し目をこらすと、そこかしこの建物に銃弾の跡が残っていることに気づく。

「あれを見ろ」とキャップ帽の運転手が窓の外を指差した。屈託のない笑顔はすっかり消え、眉間には深いしわが寄せられている。彼の指差す方向を見上げると、どのアパートの屋上にも、大きなポリタンクが乗っかっていた。

「水源は壁の向こうにある。俺たちはそこから水を買って、ああやって屋上に備蓄してるんだ」

話を聞くと、キャップ帽は難民キャンプの出らしい。ポリタンクが乗っかった建物は、難民たちの住む家だった。「ここでの生活はどう?」と僕は尋ねた。運転手は目を見開き、怒った表情で「最悪だ」と吐き捨てるように言った。

「壁の外に出るだけでもひと苦労だ。あの忌々しい壁がすべてを隔てた。ここは、外の世界に忘れられた場所なんだ」

忘れられた、と彼は何度かブツブツと繰り返した。

タクシーは砂利道を走り続ける。途中「Star & Bucks」や「Stars Buck」と書かれた緑色のカフェが何軒かあった。ベツレヘムの人々はコーヒー好きなんだと、また笑顔を取り戻した運転手は言った。

30分ほど走って、車はとある壁の前で止まった。それは壁に石を投げる若者を模した、バンクシーの有名な壁画だった。運転手はキャップ帽を脱いで壁を見上げ「俺はバンクシーが大好きなんだ」と呟いた。

「彼のおかげで、人々がここに訪れるようになった。**忘れられた壁の中を、思い出させてくれるのがバンクシーだ**」

子どものようにコロコロ変わる彼の感情を、このときばかりは読み取ることができなかった。それは安らぎにも、哀しみの表情にも見えた。

曇り空の隙間から夕日がのぞく。太陽が柔らかな赤い光を空から投げ、それを背中で受けた壁が地上に色濃い影をつくった。影になった足元には、壁の向こうから投げ捨てられたゴミが散乱していた。

◇

ホテルに戻ると、相部屋の住人が戻っていた。巨漢の男はアメリカ人で、このホテルに泊まるのはもう4回目らしい。バンクシーマニアである彼は僕を目にするやいなや、上裸で鼻息荒く近づいてきた。

「チケットを譲ってくれないか？」と彼は言った。バンクシーの置物を買うための例のチケットのことだ。そういえば机の上に置いたままだった。

「お願いだ。買わないならいいだろ」

どうやらチケット1枚につき、1つの置物しか買えないらしい。

「なあ、頼むよ！」

上裸の巨漢が迫って来た。気圧された僕はとっさに答えた。

「**いや、買うから**」

◇

入国審査とは一転して、イスラエルからの出国審査は厳しかった。昔の渡航歴を問い詰められ、カバンの中身をすべて出せと言われた。ノートPCから歯ブラシまで、審査官は僕のすべてに疑いを持った。その中でも彼の目に留まったのは、奇妙な形をした、小さな置物だった。

「これはなんだ？」

審査官のギラついた瞳が僕を睨んだ。

「アートです」

僕は慌てて答えた。

「本物のアーティストがつくったんです」

7809000

m

イラン

7809000メートル

世界の半分、経済制裁、親切な人々

経済制裁の真っ只中であるイランに行った。カタールのドーハを経由して、約12時間の道のりだ。

イランという国はアメリカからとにかく嫌われており、**イランへの渡航履歴があるだけでアメリカ入国が面倒**になる。具体的には滞在期間にかかわらずビザが必須になるので、ちょっとハワイへ…というだけでビザを求められたり、あるいはFBIのチェックリストに入ったりという噂まである。なんか格好いい。よってイラン旅行を検討する際はアメリカの渡航予定と天秤にかけるわけだが、好奇心が勝りイランを選んでしまった。今後は明日からアメリカ出張とか言われても、全然行けませんのでご了承ください。

イランの現地通貨は「イランリアル」だ。現地でしか入手できないので、まず日本からドルを持ち込み、イランでリアルに両替することになる。今回、僕は大量のドル紙幣を持参することにした。イランではクレジットカードが使えないからだ。アメリカを中心とした各国からの経済制裁の影響で、あらゆる海外のサービスが利用できない。VISAもMastercardも使えないので、**現金不足イコール詰み**なのである。

そんなわけで予算以上のドル紙幣を抱えてテヘラン国際空港へと降りたった僕は、すぐにそれを空港の銀行で両替した。職員は時間をかけてドル紙幣をチェックすると、窓口から広辞苑くらいの厚みの札束を放り投げてきた。

領収書の金額は920万リアル。札束は大きく見えるが、事前に調べたレートよりもかなり悪い。ぼったくられた気持ちになったが、リアルは日々レートの変動が激しいので仕方ない。広辞苑をカバンへ押し込み、膨らんだリュックを背負ってテヘランの街へと繰り出した。

◇

テヘランは人口一千万人を抱える超巨大都市だが、なぜか信号がほとんどない。あったとしても点灯していない。道を渡ろうにも常に車が全速力で走っているので、その間を縫うように高速移動しなければならないのだ。現地人が器用に渡って行くのを真似するしかないが、現地のおっさんが普通に撥ねられているのを目撃したので、彼らも命がけのようである。

街を歩いていてもう一つ印象的なのが、海外のチェーン店舗が一切ないことだ。他の中東諸国ではよく見かけるマクドナルドもスタバもない。以前は一部存在したと聞くが、経済制裁でどの企業も撤退してしまった。まるで半鎖国状態である。

イランの状態を象徴するエピソードとしては他にも、恐怖の飛行機がある。国土の広いイランでは飛行機はメジャーな移動手段であり、国内便ではボーイング社の機体を利用している。だがなんと制裁によって、当時は修理部品を輸入できない状況が続いていた。今にも剥がれ落ちそうな塗装によく揺れる機体はスリル満点で、アトラクション好きな人は是非試してほしい。

またオンラインでも、海外サイトの多くがアクセス制限されていた。日本からホテルを予約しようにも、ほとんど掲載されていない。もちろんＡｉｒｂｎｂがあるはずもなく、古いガイドブックを頼りに直接メールで問い合わせた。事前にクレカ払いもできず、果たして部屋が予約できたのか不安である。

ちなみに1件だけＰａｙＰａｌ払いを受け入れてくれた親切なホテルがあって、しかし請求書のタイトルが何故か「Ｗｅｂサイト制作費」になっている。詐欺かと思ったら、**「イランからだとバレると決済できないので偽の請求を出した。**お前もイランに関するキーワードに触れるな」とのことだった。

さて、ここまで書いてイランの悪口しか言っていないことに気づいたのだが、もちろんこの国にはそれを補って余りある魅力がある。

まず歴史的遺産だ。かつて**世界の半分と称されたイスファハーン**にペルシャ帝国の古都ペルセポリス、ゾロアスター教の聖地ヤズドなど、世界史を専攻した人にとっては垂涎(すいぜん)もののスポットがそこら中に溢れている。特にイスファハーンのイスラム建築はこれまでに訪れたどの国のモスクよりも壮大かつ緻密で、圧倒されるほかなかった。

イランの魅力はこれに尽きない。治安は良く、ご飯は美味しく、人々はとても親切だ。

道を歩いていると、観光客が珍しいのか好奇心いっぱいの眼差しで話しかけてくる。駅で迷っていたら青年が手を引いて5駅先の空港まで連れて行ってくれたり、街で出会ったおばさんが何故か夕食をご馳走してくれたり、少女が突然走り寄ってきて飴をくれたりする。嫌なおっさんもたまにはいるが、そういうおっさんは五反田にもいるし、これまで行った国々の中でもトップクラスの待遇を受けたように思う。

懸念していた現金不足問題についても、その親切心に助けられ困ることはなかった。その辺のレストランでは両替に快く応じてくれるし、ドル払いでもいいよ！　とさえ言ってくれる。両替の手間が省けて非常に助かる。

もちろん、ビジネス目的の人々に会うこともある。典型的なのが絨毯商人だ。イランと言えば**絨毯界の最高峰、ペルシャ絨毯**である。特にイスファハーンでは、よくペルシャ絨毯の勧誘にあった。日本の家は狭いから絨毯はいらないんだよと言うと、テーブルマットサイズの製品を勧めてくる。しかし高密度に手編みされたペルシャ絨毯は、とても気軽に手を出せる価格ではない。

ちなみに次ページの写真の絨毯商人は名をアミルといい、勧誘されすぎて逆に仲良くなった青年だ。

アミルは商人とは思えないほど営業トークが下手で、その分なんだか親しみのわく奴だった。現地で人気のレストランに僕を連れて行き、ファルデというスイーツを奢ってくれた。

しかし大変申し訳ないが、僕にはファルデの美味しさはわかっても絨毯の価値はわからない。経済制裁で不景気なんだ、とため息をつく彼に同情しながらも絨毯は丁重にお断りし、イスファハーンの美しい景色を夜まで楽しんだ。

アミルと別れた夜、400円の大盛りケバブで腹を満たし、満足してホテルに帰った。しばらく寝転がっているうちに、ふと、このあたりで現金の残高を確認してみようと思った。

リアル紙幣の札束を両手で抱え、ベッドいっぱいに並べる。まだこんなに余っていたのかと驚いた。初日の両替以来リュックに詰めっぱなしで、その枚数を数えたことがなかった。

だが紙幣を並べ始め、しばらくして気づいた。何かがおかしい。

一瞬止まって考える。やっぱりおかしい。

紙幣があまりに多すぎるのだ。想定していた枚数と全然合わない。初日に両替したのは920万リアルのはずだったが、何故かそれより増えている。両替商が間違えたのだろうか？

くしゃくしゃになった領収書を広げた時に、衝撃が走った。

今まで「920万リアル」だと思っていた領収書をよく見ると、9の横に記号がある。長期フライトで寝ぼけていた僕は、これを通貨単位リアルの「L」だと思っていた。しかし今見てみると、どう考えてもこれは数字の「7」である。つまり実際両替で受け取った金額は「7920万リアル」であり、両替金額を一桁勘違いしていたことになる。そもそもリアルはLではなくてRだし、完全に頭の悪い思い違いだ。ぼったくりなんてとんでもない、超優良レートで両替を受けていたのだった。

しかしまだ疑問が残る。ネット上で再確認しても、このレートは明らかに良すぎる。どれだけ高く見積もっても、手元にある金額は桁が違う。なぜここまでの差があるのか？　ここに経済制裁の罠があった。

2018年にアメリカが経済制裁を課して以来、経済不安からあまりにも急激なドル高・リアル安が進んだ。その結果、「建前」である公定レートと、実際に市場でやりとりされている実勢レートの間に大きな乖離が発生していたのだ。

ネット上で手に入る情報はすべて公定レートベースで計算されているので、現地の相場とは大きく異なることになる。僕はそんな事情を知らず、いつもネット上の公定レートで換算していたのだった。

為替レートを一桁勘違いしていたということは、**5日間すべての物価を一桁勘違いしていた**ということだ。400円だと思っていたケバブは、実際は80円だった。

こうして、**僕は一夜にして金持ちになった。**

しかしこの話にはまだ続きがある。レートについて調べていると、新たな事実が発覚した。急激なドル高が進んだことで、人々は現地通貨リアルを見放し、外貨であるドルを求めて殺到した。その結果、ドルからリアルに両替できても、その逆のリアルからドルへの両替は制限されているというのだ。

脳裏にいくつかの場面がフラッシュバックした。

快くドル払いに応じてくれたレストラン。ドルに両替してあげるよと言ってくれたおばちゃん。わざわざＰａｙＰａｌのドル支払いを受け入れてくれたホテル。すべてイラン人の親切な気質からくるものだと思っていた。いや親切なのは事実なのだが、ことドルについては少し事情が違った。**誰もがドルを求めていたのだ。**

僕は大量の札束を前に途方に暮れた。リアルを日本で両替することはできない。つまり残り4日の滞在期間中にこの札束を使い切らないと、すべて紙くずと化してしまう。

そこから僕の豪遊生活が始まった。

食事は高級レストランで一番のコースを頼む。２００円。

移動は全行程飛行機。1000円。

テヘラン随一の最高級ホテルに泊まる。4000円。全然あかん。

ドルを持ち込んだ外国人観光客にとって、**イランの物価はすべてが安すぎた**のだ。

これ以上どうやって散財すればいいのか。日本で300円のはなまるうどんを主食としている僕は、金の使い道がわからないという悩みに困惑した。

とにかく単価が高いものを買うしかない。一番高価な買い物は何だ。この札束を使いきれるならなんでもいい……。

そうだ。**これがあった。**

買いました。

絨毯のある生活っていいですよね。

6238000

m

ウズベキスタン

6238000メートル

空を支える塔、交換、ポテンシャルタクシー

旅行ガイドが好きだ。見知らぬ土地のガイドを読んで、空想に耽ることがある。特に『地球の歩き方』シリーズは、地域によって著者の個性が滲み出ているのが良い。

サマルカンドという言葉の響きに魅了される人も、多いのではないだろうか。心の底に焼きついた町の名の記憶が、知らずに呼び覚まされるのだろう（『地球の歩き方 中央アジア』編より）

これはウズベキスタンの古都、サマルカンドの描写だ。詩的である。もはやこの1冊は、旅行ガイドというより詩集と呼ぶべき完成度の高さで、ページをめくる手が止まらない。特に気に入ってるのが、晴れた日に青いモスクが立ち並ぶ風景を表した一文だ。

「サマルカンドでは、天と地が、青の青さを競い合う。」

この名文は僕の琴線に触れた。そうして大学時代の友人と一緒に、日本から6000km離れた彼の地まで向かったのだ。

ウズベキスタンの入国審査では、どんな通貨でいくら持ち込んだのか、事細かく申請を求められる。入国ゲートを通過するだけでひと苦労だ。僕たちの審査には、ことさら時間がかかった。今回の旅では、昔の貧乏旅行では考えられないほどの現金を用意してきたからだ。日ごろ貯め込んだお金を使って、食べたいものを食べて、やりたいことをやる。たまにはそういう旅があってもいい。半ばリゾート気分でこの国に降り立っていた。

審査官は紙幣一枚一枚を舐めるような視線で確認し、その度に何やらブツブツと呟きながらメモをしている。作業は遅々として進まず、一向に終わる気配がない。僕たちの後方には長い行列ができあがり、苛立った乗客の視線が背中に突き刺さる。空港を出た頃には太陽はすでに高く昇っていた。

タクシーを呼び止め、後部座席に乗り込むと、運転手が開口一番こう叫んだ。

「Exchange Money? Black Market!」

「**ブラックマーケット**」。これは正規ルートではない、いわゆる「闇ルート」での両替を意味している。通貨「スム」はウズベキスタン国外ではほとんど取り扱われていないため、旅行者は必然的に現地で初めて両替することになる。そこを狙って彼らは積極的に交渉を仕掛け、小遣い稼ぎをしているのだ。

「Black Market good! Good rate!」

しかしこのブラックマーケット、実際のところ、かなりレートが良い。銀行の両替所と比較すると、時に2倍ほどの金額差が生じる。どういう経済原理が働いているのかはよく知らない。

「Exchange! Exchange is good.」

シルクロードの歴史は、まさに「交換」とともにあった。その名の由来となった唐とローマの交易に限らない。中央アジアに散らばるオアシス国家と周辺を移動する遊牧民族は、互いに必要な物資を交換しながら、協調と戦争の歴史を繰り返して発展してきたのだ。

そのような物語に思いをはせながらも、僕たちは闇商人の提案に応えることはない。もちろん信用できないという思いもありつつ、それ以上の壁が立ちふさがっていた。

「Japanese Yen? No No. $US only.」

すげなく断られる。ブラックマーケットでは米ドルしか受け付けてくれないのだ。僕たちがこの国に持ち込んだ米ドルは70ドルだけ。あとは銀行で両替すればいいと、すべて日本円で持参してきたのだった。それも前述の通り、それなりの金額である。

「Japanese Yen? No No. $US only.」

僕たちは戸惑いを隠せない。銀行でもホテルでも、円との両替ができない。おかしい。旅行ガイドの事前情報と違う。せめて空港ならと足を運ぶと、そもそも両替窓口が閉まっていた。

円がダメならドルを引き出すしかないと、キャッシングも試みたがダメだった。どこのATMでもドル札自体が品切れ状態で、エラーが表示されるばかりだ。もはや為す術もない。

そんなわけで、**僕たちの所持金は突然、2人合わせて残り70ドルとなった。**大切に抱えてきた福沢諭吉は、ここでは無名の人だった。人が価値を信じなければ、紙幣はただのおしゃれな紙でしかない。

資本主義の本質に触れた気がしたが、そんな悠長なことを言っている場合ではない。旅は残り10日間。僕たちの気ままな物見遊山は、1ドルを切り詰める極限の戦いに変わった。イランでお金があり余った時とは、まるで正反対である。

1杯のビールを惜しみ、晩飯は我慢し、ドル札を数えてはため息をつく。高級ホテルを泊まり歩く生活はオアシスの幻影とたち消え、窮屈なドミトリーで名もないイビキを子守唄に眠る。国土の広いウズベキスタンでは飛行機を利用するのが通常だが、僕たちはしつこく陸路にこだわり、500kmの砂漠道を車で猛然と駆け抜けた。これは死ぬかと思った。

腹が減りすぎて観光する気力も湧かない。本当は名物のピラフをビールで流し込み、入場料を気にせずモスクを堪能するはずだった。一方で日本から来たツアー客たちは目を輝かせ、歴史が織りなす神秘に耽っている。僕たちは味も香りもしないパンらしき粉の塊をチビチビとかじりながら、それを恨めしく眺めていた。

そんな折、とある妙案を思いついた。

「円を両替してもらえませんか？」

円に信用価値を感じるのは、ここではもはや日本人だけ。そこで僕たちは日本人らしき旅行者を見かけては声をかけ、片っ端から日本円の両替をお願いし始めた。懐に余裕のありそうな年配のツアー団体が特に狙い目だった。世界遺産にも現地の美女にも目もくれず、とにかく日本人の集団を探し回った。

しかしまだ壁がある。得体のしれない若者が突然話しかけても、まともに取り合ってくれる日本人はいない。僕たちはメリットを提供する必要があった。

「**両替しましょう。良いレートですよ！**」

満面の笑みと一緒に振りまくのは、いつしか聞いた台詞。僕たちと闇商人の影が重なり、シルクロードにはっきりとした輪郭を映し出す。「Exchange is good.」。僕たちは価値の交換を通じて関係を紡ぎ、生きていくのだ。

優しい日本人旅行者の皆様に助けられ、6日目に僕たちは無事、サマルカンドに到着した。地球の歩き方に描かれた、憧憬の街である。

中央アジアの歴史が興味深いのは、しょっちゅう支配者が変わることだ。その結果、人種や宗教が複雑に絡み合い、ミルフィーユみたいな年表ができあがった。特にサマルカンドはシルクロード随一の都として、幾多の民族の侵略が繰り返されてきた。アレクサンダー大王から始まり、チンギスハン、ティムールなど、サマルカンドのミナレット（塔）はこれら大征服者たちの興亡を常に見つめてきたのである。

海外のガイドブック『Lonely Planet』には、こういう表現がある。

「ウズベキスタンでは、すべての車がポテンシャルタクシーである。」

すべての乗用車がタクシーになりうるという意味だ。つまり道端で手をあげていると、**タクシーではなく普通の乗用車がバンバン止まる**のである。運転手はプロでもなんでもない地元のおっさんであり、小銭稼ぎで空いた席を提供しているのだ。

このポテンシャルタクシー、どうやら現地でも一般的な交通手段として広く浸透しているようで、家族連れが利用している姿も見かけた。まだUberのない時代、それを超えるシェアリングエコノミーがウズベキスタンには存在していた。

最初は警戒していたポテンシャルタクシーだが、慣れると使い勝手が良い。むしろ地元の人が運転しているので正規のタクシーよりも道に詳しく、値段も安い。うまい店などのローカルな情報を教えてもらえて非常に便利だ。

ある時ポテンシャルタクシーの運転手とサッカーの話で盛り上がって、今夜みんなで観戦するから観に来いと誘われた。深夜になって半信半疑で運転手が経営するというレストランに向かってみたら、大勢の若者たちが集まっていた。

試合は確かスペインリーグで、スター揃いのバルセロナが人気だった。メッシがボールを持っただけでビール瓶を振り回して大騒ぎだ。一応ウズベキスタンはイスラム教の国だった気がするが、次から次へと酒が出てくる。結局晩ご飯までご馳走になって、興奮冷めやらぬままレストランをあとにした。

そのまま酔い覚ましで歩いて宿へ戻っていると、2人の警官に呼び止められた。サマルカンドの象徴である、ミナレットがそびえるレギスタン広場の前だ。

僕らの酔いは途端にぶっ飛んで、警戒心の塊となった。ウズベキスタンの警官は、すこぶる評判が悪い。パスポート不携帯だと逮捕されるとか、地下鉄の写真を撮ったら逮捕されるだとか、とにかくカジュアルに逮捕されるともっぱらの噂である。

そんな僕たちの心配をよそに、警官たちは楽しそうに何やら話し合っている。そして広場の方向を指差したかと思うと、「見学したいか？」と尋ねてきた。「**5ドル払ったら中に入れてやるよ**」と彼らは言った。時刻は深夜2時半。閉鎖された広場に人影はなく、しんと静まりかえっている。これは何かの罠だろうか。もし着いていったら、やっぱり逮捕されてしまうのだろうか。

しかし夢にまでみたサマルカンドだ。僕たちは好奇心を抑えきれず、提案にイエスと答えた。にやりと笑った警官はこっちへ来いと手招きし、立入禁止を意味する鎖を乗り越えていった。僕たちは携帯を灯りに、緑色の制服についていく。

鉄製の鍵を回すと、鈍い音と共にモスクの扉が開いた。警官は細長い懐中電灯を逆手で掲げ、かの有名なウルグ・ベク・モスクを照らした。暗闇に浮かぶモスクは、昼間以上の威厳を漂わせている。

「アーチの両側のミナレットは〝空を支える〟ためにあり、（中略）少し傾いているのはその重さのせいだといわれている。」

（『地球の歩き方 中央アジア』編より）

警官はぐるりとミナレットを回って、裏側へと僕らを誘導した。昼間にはちっとも気がつかなかったが、そこには人のやっと通れるくらいのスペースがあった。くぐってみろ、と警官が懐中電灯で指図する。おそるおそる身をかがめて中に入ると、ミナレットの内部には石でできた螺旋階段が上へと伸びていた。

暗闇の中、狭い螺旋階段を手探りで登る。砂埃と蜘蛛の巣にまみれ、まるで何百年間も人が立ち入っていないかに思える。石段は高さがバラバラで呼吸のリズムが乱れ、頭をぶつけないよう注意しながら進む必要があった。仄暗い階段をぐるぐると回り続けるのは、終わりのない歴史の渦に吸い込まれるようだった。

しばらくすると、前を行く友人の歓声とともに視界が開けた。ミナレットの頂上だった。

「空を支える」ミナレットの屋根は確かに傾き、足元がおぼつかない。見下ろしたレギスタン広場は、これまで何度もガイドブックで目にした角度とは違っていて、まるで別の場所のように思えた。写真を撮るなら早くしろと、警官が鋭く囁いた。僕は慌ててシャッターを切ったが、焦りと興奮から屋根しか写っていなかった。

ふと顔を上げると、サマルカンドの町の灯が遠くまで広がっている。天と地は競い合うことなく、ほんのり赤い灯がその仲をとりもっていた。

1ドルを切り詰めて日本人を探した毎日。
ポテンシャルタクシーの運転手と交わした乾杯。
ガイドブックには載っていない真夜中のツアー。

そのどれもが当初描いていた中央アジアの旅とは違っていた。だからこそウズベキスタンという国は、今もなお僕の心に棲み続けるのだ。

5906000

m

インド

5906000メートル

世界の火薬庫、2%のターバン、串刺しの握手

インドといえば、世界に名を轟かすバックパッカーの聖地。そのあまりに強烈なカオスは様々な伝説として語られ、この世の人間はインドの魔力に魅了される者と、トラウマを発症する者に二分されるという。

僕は後者だった。

できれば前者でありたかった。インドの深淵に入り込んで、人生の意味とかを見出したかった。しかしすぐに心が折れた。声をかけてくるペテン師たちは鬱陶しいし、金を払うたびにぼったくられる。クラクションの爆音と排気ガスに目眩が止まらないし、何

をするにもとにかく疲れる。

首都デリーから聖地バラナシに降りたったところ、ガンジス川が5年に1度の大氾濫を起こしていた。川沿いの店はすべて沈んでいる。数々のバックパッカーたちが己を見つめ直したという静謐（せいひつ）な沐浴など見当たらず、濁流に流されまいとするおじいさんたちが必死にボートにつかまっているばかりだ。

帰りたい。バラナシに着いた初日からそう思った。せっかく長い休みを取ってきたのに、全然楽しくない。しかしインドは広い。これだけの歴史と文化を有する国において、たとえデリーやバラナシが合わなくても、他にも違うインドがあるはずだ。

どうせなら異なるインドが見たい。通常のバックパッカーのルートとしては、ここから東のコルカタなどに向かうパターンが多いようだ。だが僕はバラナシで踵を返し、再び西のデリーへと戻った。風の噂で耳にしていた、とある場所があったのだ。

◇

デリーに戻ってきた僕は、そこから飛行機で西へ1時間、北インドのパンジャーブ州に属する**アムリトサル**という街にやってきた。ここはシク教徒の地域である。

インド人への古典的なイメージとしては、炎を吐いたり手足が伸びるほかにも、「ターバン」があろう。だが実際のところほとんどのインド人はターバンを巻かない。なぜなら**ターバンはインド人の8割近くを占めるヒンドゥー教徒ではなく、わずか2%のシク教徒の文化**だからだ。

シク教徒には教育水準の高い層が多く、イギリス統治時代のインドでは海外で活躍する人材を多く輩出した。そのため「インド人＝ターバン」のイメージが根付いたとも言われている。

道行く人々のターバンを見れば、この街の違いがわかる。アムリトサルはバラナシに比べると大分落ち着いていて、路上を歩いていても腕を掴まれたり、大声で怒鳴られたり、大金を吹っかけられたりすることは少ない。ないとは言っていない。

アムリトサルの名所といえば、シク教の総本山たる「黄金寺院」だ。靴を脱ぎスカーフで髪を隠せば、誰でも中に入ることができる。内部には宗派問わず無料で食事を提供する食堂があり、数百名のボランティアにより運営され、1日に10万食が出るらしい。カースト制度を否定するシク教の教えから、身分も国籍も関係なく全員横並びで食事をとる。すべてのボーダーを越えた、500年続く究極の食堂だ。

そんな黄金寺院だけでも訪れる価値があるアムリトサルだが、ここまでやってきたのには別の理由がある。それが**パキスタンとの国境「ワーガ」**だ。

◇

黄金寺院から戻った僕は、フロントにタクシーの手配をお願いした。鍵がかからない、エアコンが壊れている、お湯が出ない、というインド三冠王を無事達成したホテルに不安は隠せなかったが、タクシーはちゃんと時間通りに来た。ドライバーに行き先を告げると、はいはいあそこね、みたいな感じで車を発進させる。噂通り、その国境はすっかりインド人の観光名所と化しているようだ。

1時間ほど車を走らせると、道路が急に混み始めた。インド名物5人乗りバイク、ないし10人乗りリキシャにしがみつく人々の手には揃って国旗が握られている。全員が国境に向かっているのだ。果たしてそこに何が待っているのだろうか。

インドとパキスタンの関係は非常に悪い。70年前にイギリス領インド帝国が解体し2

つの国に分離して以来、今日に至るまで対立を続けている。「インド　パキスタン」で検索すると民族浄化や核開発など物騒な単語が並び、「**世界の火薬庫**」とまで呼ばれている理由がわかる。つい先日もカシミール地域を巡ってパキスタン首相が核戦争の可能性を警告するなど、ただならぬ緊張感が走っているのがこの両国だ。

　そんな国境に観光気分で行っていいものだろうか。実は危険な行為ではないだろうか。国境の街ワーガに到着した瞬間、心配は吹っ飛んだ。

　広場は押し合うような混雑だ。国旗の三色を顔にペイントした人々が唄い歩いていて、実に賑やかである。その高揚感は、まるでサッカーの試合前のようだ。外国人はあまり見かけず、ほとんどが現地人。屋台がいくつも出ていて、インド柄の帽子が飛ぶように売れていく。

　広場の中心には「**握手が串刺しになった像**」があった。友好なのか争いなのか、表現しているものの意味は定かではないが、人気の撮影スポットらしい。満面の笑顔で自撮りをする子どもたちを見ると、「世界の火薬庫」などという言葉はどこか遠い世界の話のように感じてしまう。

　セキュリティチェックを受け、パスポートを見せると現地の行列とは違うゲートに通された。欧米人らしきカップルも後ろをついてくる。ベージュ色の軍服を着た兵士に促され建物の中に入ると、目に飛び込んできたのは、国境を隔てる堅牢な門と、機関銃を持った警備員たち。そして、**「スタジアム」**だった。

そう、スタジアムだ。そう言ってしまって差し支えはない。国境門の前に、1万人は収容できそうな巨大なスタジアムがあるのだ。スタジアムは2階席まであって、すでに1階席は満員の寿司詰め状態である。その混雑の間を縫うようにして、売り子が声を張り上げてポップコーンを販売している。念のため繰り返すが、ここは劇場でもコンサートホールでもない。国家の領域の境目、国境である。それも、インドとパキスタンという因縁の国境だ。

さらに国境門を挟んで向こう側には、同じようなスペースが見える。そちらにも大勢の「観客」たちが座っている。違いは観客がイスラム風の白い服装をしていることと、兵士の軍服が真っ黒なこと。反対サイドはパキスタンのスタジアムなのだ。2つのスタジアムが、国境を挟む形で広がっているわけである。

ただやはり観衆数においては圧倒的人口を誇るインドに分があって、事あるごとに地響きのような歓声があがる。パキスタンサイドはそれに比べると落ち着いていて、人々が和やかに談笑している姿が門越しに見える。

国境を挟んだ謎の「イベント」。これがいつ始まったかは定かではない。地元のドライバーによると、少なくとも20年前から続いているという。

始まりは、国旗を夕刻に下ろす「降納式」にあったらしい。これ自体は世界中で広く見られるような、よくある儀式である。ポイントは、インドとパキスタンという犬猿の国境で行われたことだった。

両国は同じ時刻に降納式を行なった。すると何においても張り合う二国は、自分たちの式典のほうがより豪華でありたいと願った。そうしてどちらも相手国に負けじと、次第にパフォーマンスに趣向を凝らすようになったのだ。より美しく、より派手に。そうすると今度は、それを応援する観客が現れた。いつしか両国はその観客数でも競い合うようになり、パフォーマンスはさらに大掛かりになって、観客は増え続けた。

こうして、**国境を挟んだ前代未聞の「応援合戦」**が開催されることになったのだ。

運転手から聞いた話なので、その成り立ちが本当なのかはわからない。だが両手をあげ、髪を振り乱しながら踊り狂う女性たちを見ていると、尋常ではないイベントである

TH85

ことがわかる。これはただのセレモニーではない。両国の意地とプライドをかけた、まさに代理戦争とも呼ぶべき合戦なのだ。

「Ｏｈ〰〰〰〰〰〰〰〰〰〰〰〰？」

17時になって、マイクパフォーマーの煽り声がスタジアムに響く。

「Ｏｈ〰〰〰〰〰〰〰〰〰〰〰〰〰？」

大観衆は両手をあげてそれに呼応する。

いよいよ本番のスタートだ。パキスタン側でも同様の煽り声が響いていて、どうやら「どちらが長くｏｈ〰〰〰を溜められるか」という勝負がすでに始まっているらしい。

長い長い溜めがあったのち、

「インディアァァァァァァァァァ！」

地響きのような歓声とともに、会場のボルテージがブチ上がった。兵士たちが足を高く上げながら行進を始める。孤を描きながら足を振り下ろす姿は、かかと落としをしているみたいだ。そのたびに嵐のような喝采が起こる。そして立ち止まった兵士たちは、門の向こうの「敵」を挑発するかのように、己の肉体を誇示するポージングを行なう。

また門の向こう側では、パキスタンの兵士たちが同様に行進しているのが見える。僕たちの席は国境門に近いので、あちら側の様子もよく見渡せる。「うちの国はわざわざ外国人が見にきてるんだ」とアピールするために、外国人向けの特別席が用意されているからだ。

興味深いのが、**両国の動きが完璧にシンクロ**していることである。インド兵士がボディビルダーのごとくポーズをとれば、パキスタン兵士も同様に屈強な肉体をアピールする。一通りのパフォーマンスを終えた兵士は将棋の駒のように各々の配置につくが、パキスタンサイドでもやはり黒服たちが同様の布陣をしく。まるで写し鏡みたいに、門を挟んでいがみ合う両国が息を合わせて動く。その光景は異様というほかなく、僕は忙しく首を左右にふってそれぞれのパフォーマンスを見比べる。

15分が経過しても、観客の熱狂はおさまるどころか、加速していくばかりだ。いつの間にか2階席まで人がびっしりと埋まっていて、インディアアアアという絶叫が、うねりとなってスタジアムにこだまする。

驚くべきことに、このイベントはなんと**毎日行われている**という。毎日毎日、スタジアムに入りきらない人々を含めると数万人が集まって、熱狂の舞台が繰り広げられている。しかもその数は年々増え続けているらしい。暇なのかと言いたくなるところだが、それがインドという国の秘めるエネルギーなのだろう。

ひときわ体格のよく、威厳のある兵士がのっしりと歩く。おそらく隊長格であろう彼は、他の兵士に見守られながら門に近づいていく。そうするとやはりパキスタンサイドでも、これまた強そうな兵士が悠々と門に向かってくる。2人は国境門の前に立ち止まり、門越しに向かい合った。

クライマックスを感じさせる緊張感に、大騒ぎしていた観客たちもしんと静まり返る。僕も固唾(かたず)を飲んでそれを見守る。しばらくすると、両国の警備員たちが国境門に手をかけた。ドラムの音が鳴り響き、まさかと思った瞬間、国境を隔てる大きな門がゆっくりと開いた。

スタジアムが最高潮にヒートアップする。僕たちも思わず立ち上がって歓声をあげる。開くはずがないと思われた重い門が取り払われ、両国の兵士たちが直接相対した。

屈強な隊長たちは、もう数歩互いに歩み寄る。ここから2人のバトルが始まる。インドの隊長がガッツポーズの姿勢をとると、負けるものかとパキスタンの隊長が拳を掲げる。一方がかかと落としをすれば、もう一方も高さを競って宙に足を振り上げる。そのタイミングは阿吽の呼吸で、まるで社交ダンスを見ているかのようだ。もうずっと思ってたけど言わせてほしい。**君たち、仲良いだろ。**

パキスタンサイドの応援も激しくなってきた。インド人も声を張り上げる。歴史が積み上げた不倶戴天の憎しみも、熱狂の渦のなかに吸い込まれてひとときの夢となる。僕たちはその重みを十分に理解していないけど、今この瞬間だけはインドもパキスタンも、スタジアムにいる全員が一つになって国家レベルの応援合戦を楽しんでいる。**火薬庫よりもアツいバイブス**が、この空間には充満している。

トランペットが鳴り響き、両国の国旗が降ろされていく。そういえばこれは降納式だった。国旗がするすると降りていく間、隊長たちは最後のデッドヒートを繰り広げる。

彼らは毎日のように儀式を繰り返しているのだ。言葉は交わさずとも、その間には見えない情のようなものが芽生えているのではないか。そう思わずにはいられないほど、絶妙なコンビネーションだった。

国旗が完全に降り、門が閉まる。兵士たちがそれぞれの国に戻っていくその刹那。

両国の隊長が、握手をした。

一瞬ではあったが、世界で最も憎しみ合う両国の隊長が、固い握手を交わしたのだ。僕は広場にあったモニュメントを思い出した。串刺しになってはいたけど、あの握手はやはり友好めいたものを表現していたのではないか。

イベントが終了しても、会場のどよめきがおさまることはない。パキスタンサイドも同様だ。大人も子供もその表情は晴れやかで、今しがたの記憶を熱心に語り合っている。

もうこのイベント、世界中でやろう。隣国への憎しみを、歓呼の叫びに変換しよう。世界中の国境で振り上げられた足が天を突いた時、もしかしたらほんの少しだけ、世界は優しくなるかもしれない。

第2章：国内編

仕事を終えたところで気づく。しまった、今日もパジャマのままだ。在宅勤務は切り替えが難しいから、服だけでも気分転換をするつもりだったのに。しかもパジャマは裏返しだ。もう全然ダメだ。でも鏡をよく眺めると、これはこれで新鮮かもしれない。いつものパジャマも裏返しになると、まるで別の服を着ているように見える。そんな小さな発見が、一日のハイライトになる。

旅の魅力は距離に比例するか？

旅の魅力は距離に比例するか？

旅の正体を考えたときに、必然的に思い浮かぶ問いだ。確かに辺境に行くほど理解の及ばない文化に出会えるし、予想もしないトラブルに巻き込まれる。作家の開高健はそれを「抵抗感覚の快感」と呼んだが、異質な存在との遭遇が旅の魅力であることは間違いない。

一方で、旅の魅力はそれだけではない。むしろそうなのだとしたら、みんながみんな辺境に押しかけて世界から辺境はなくなる。**辺境のジレンマ**である。数十年後には、宇宙くらいしか行くところがなくなってしまうだろう。

僕は海外旅行と同じくらい、国内旅行にも出かける。そこには遠い異国にはない楽しみがある。手軽に、思い立ったら今日にでも行けること。言語や文化が、十分に通じること。海外旅行では異文化のうわべを撫でているような感覚に陥るが、国内旅行では深いところまで沈んでいける。

そして、何度も行った土地であっても、**角度を変えるだけで新鮮な驚きに出会えること**。それはかつて誰もが試した「白線を踏んだら死ぬ」というルールに近い。何百回と通った道でさえ、そのルールを設けただけでスリルあふれる綱渡りに変わるのだ。

だから僕の中での国内旅行の魅力とは、いつも着ているパジャマを裏返すことに似ている。わざわざ海を渡らなくても、**少し足を伸ばしてみれば、また新しい物語に巡り合える。**そう思うから、今日という日を過ごすことができる。

376600

m

仙台

376600メートル

救世主国、ジャージの背中、Facebook通知

名前のかっこいい場所に行きたい。名前がかっこいいとそれだけで旅が楽しくなる。「サマルカンド」とか「エルサレム」とか「カサブランカ」とか。どれも身悶えするほど心をくすぐられる。全部行った。そんな中、以前から注目していた国名がある。

その名も**「エルサルバドル」**。

中米にある国だ。バドルを巻き舌で発音したい。ちなみに首都は「サンサルバドル」。韻を踏んでいるみたいで良い。

エルサルバドルには以前からアンテナをはっていた。だが問題がある。治安が悪いの

だ。中米でも特に注意が必要な国だと聞く。長く続いた内戦の影響で武器が広く普及し、犯罪組織が跋扈（ばっこ）しているという。だから渡航には二の足を踏んでいた。

せめて日本でその片鱗に触れられないかと、エルサルバドルゆかりのスポットを探す。ドイツ村やスペイン村みたいな「エルサルバドル村」を探したけれど、全然なかった。それどころかエルサルバドルショップもないし、エルサルバドル料理店すら見つからない。エルサルバドルは、日本人にとって未開の地なのだろうか？

そんなとき、朗報が舞い込んできた。なんとサッカー日本代表がエルサルバドル代表と対戦するという。エルサルバドルとの試合は、日本サッカーの100年近い歴史において初めてらしい。この機を逃すと彼の国に触れるチャンスはもうないかもしれない。試合は宮城県で行われる。僕はすぐに試合のチケットを手配し、準備を始めた。**宮城県でエルサルバドルに触れる**旅である。

旅の鍵はエルサルバドルサポーターに会うことだ。エルサルバドルはかつてサッカーの試合をきっかけに戦争が起きた歴史すらあるというから、サッカー人気は高いはず。きっと熱狂的なサポーターたちが大挙して押しかけるに違いない。ぜひとも彼らに会ってみたい。

準備1：サポーターが行きそうな宿に泊まる

サポーターが来日したとして、彼らはどこに向かうのか。Ｇｏｏｇｌｅでは日本にいながら各国からの検索結果を調べることができるので、エルサルバドルからスペイン語で検索をしてみた。上位に表示されたゲストハウスは見るからに国際的で、僕がサポーターだったら間違いなくここに宿泊するだろう。僕はその宿を予約した。

準備2：エルサルバドル代表をフォローする

来日した選手たちの足取りを追えば、自然とサポーターに会えるかもしれない。その行方を追跡するため、僕はエルサルバドル代表の名前を一人ひとりＳＮＳで検索した。たとえば人気の高い「ハイメ・アラス」には数万人のフォロワーがいる。そういう選手を漏れなくフォローした。

準備3：エルサルバドルをアピールする

最後の作戦は、自らエルサルバドルへの関心をアピールすることだ。幸い僕は顔がなんか中米っぽいので、あとは服装だけだ。

ネットで関連グッズを探してみたけれど、案の定売っていない。唯一ヒットした、カタカナで「エルサルバドル」と書いてあるTシャツを衝動的に買ったけど、よく考えたらエルサルバドル人には読めない。

しょうがないので、**Tシャツは自作**することにした。

案外悪くない。国旗と国名を入れた上で、スペースが余ったので「PUPUSA」という文字を入れた。PUPUSAというのはエルサルバドルの庶民の味らしい。日本でいう「ラーメン」みたいなものだと思う。僕が日本国旗に「ラーメン」と書いてある外国人を見つけたら間違いなく声をかける。エルサルバドル人もきっとそうであろう。

準備を整えた僕はTシャツを着込み、いざ仙台へと向かう。

◇

一泊二日の仙台ひとり旅。新幹線ではエルサルバドルの解説書を読みふける。エルサルバドルはその国名を漢字表記にすると**「救世主国」**と書くらしい。漢字までかっこいい。意外にも日本とつながりが深く、国営放送では「プロジェクトX」が人気を博して

El Salvador
Pupusa

おり、自らを「中米の日本」と名乗ることもあるそうだ。ますます親しみが湧いてきた。

仙台に到着したのは土曜日で、そのままスタジアムに向かう。しかしなにげなく道中でチケットを確認したところ、試合は日曜日だと書いてあった。普通に日にちを間違えている。僕はこういう肝心なところでミスをする。こうして突然に旅は2泊に切り替わった。1日暇になったので、仙台をぶらつくことにする。


仙台はひとり飲みに優しい街だ。特に「いろは横丁」にはレトロな看板と100店舗の小さな店が立ち並んでいる。普段はひとりで入りづらい店も、旅先では思い切ってのれんをくぐってみる。そうしていらっしゃいと声をかけてもらえた瞬間に、またひとつ街に受け入れてもらえた気がするのだ。

気の向くままにふらりと店に入る。受け入れられる。酒を飲む。別の店に入る。結局ひとりで5軒ほどハシゴして、おでんや海鮮を冷えた日本酒で流し込んだ。その度に自作のTシャツをさりげなくアピールしてみたが、一向に気づかれる気配はない。膨らんだ腹で国旗が横に伸びているせいかもしれない。

ゲストハウスに戻ると各国からの宿泊客たちが飲み会をしていたので、酔いに任せて混ぜてもらう。日本で泊まるゲストハウスは様々な言語が飛び交い、安く泊まれ、ちょっとした異国気分が味わえる。

ただ残念な点を挙げるとすれば、そこにエルサルバドル人はいなかった。試合は明日の夜だし、まだ来日していないのかもしれない。明日こそはスタジアムで、その風を感じよう。ドミトリーの二段ベッドで、憧憬の地を思った。

会場となる旧ひとめぼれスタジアム宮城は、正直言ってアクセスが悪い。最寄り駅までの電車は限られており、さらにそこから**50分**ほど歩く。二日酔いで夕方まで寝ていた僕は、重たい身体を引きずりながら歩き続け、キックオフ直前にスタジアムへ着いた。

スタジアムはエリアがいくつかに分類されて、今回僕は**アウェイ側、つまりエルサルバドル側のゴール裏席**を予約していた。アウェイ席に行くのは初めてであるが、このTシャツを着ていれば歓迎されるに違いない。僕は胸の国旗をぎゅっと握りしめた。

売店で買ったビールと牛タンを両手に抱え、スタジアムに入る。太鼓の音と歓声が響いてきて、空気の質がガラリと変わる。熱気が正面から吹きつけ、肌寒さを感じていた半袖に汗が滲んだ。浮足立ちながら中に進むと、みずみずしい緑色が一面に広がる。

ゴール裏は自由席になっていて、そのほとんどが埋まっている。試合の開始を告げるホイッスルが鳴って、会場が沸いた。僕は腰を屈めながらやっとのことで空席を見つける。だがすぐに違和感に気づいた。**前を向いても日本代表、後ろを向いても日本代表。**エルサルバドルのゴール裏のはずが、エルサルバドルのエの字も見えない。なぜか。ここが日本だからだ。

考えが甘かった。会場には日本代表のサポーターしか見当たらない。エルサルバドルのグッズを着ているのは僕しかいなくて、慌てて国旗を上着で隠す。さらに僕の見つけた空席は小学生の集団の一角で、そういう意味でも完全に浮いていた。はしゃぐ子どもたちに囲まれながら牛タンをかじる。

前半が終わり、ハーフタイムが訪れた。人々がぞろぞろと席から離れていく中、僕は一人うなだれていた。確かに試合を見るのは楽しいけど、これなら普通に日本を応援すればよかった。

しかし、その時だった。小学生の集団が席を離れて前方が開けると、遠くに青いジャージをきた男性が見えた。注目すべきは、背中に**「VADOR」**という文字が記されていることである。これはもしかして…「EL SALVADOR」じゃないか？

仙台に来て3日目。諦めかけたところで、ようやくエルサルバドル人を発見したのだ。僕は急いで席を移動し、スペイン語で男性に声をかける。

「Hola!」（こんにちは！）

男性は答えた。

「はあ、どうも」

日本人だった。一瞬落胆したが、エルサルバドルを背負っているのはなぜだろう。話を聞くと、男性はかつて**青年海外協力隊**として彼の国に駐在していたらしい。それで代表が来日することを知って、宮城の地までやってきたというのだ。さらに話しているうちにエルサルバドルの国旗を持った人々が席に戻ってきた。彼らも協力隊の同僚たちだそうだ。

集団の一角に空席があったので、仲間に入れてもらう。最初は警戒されたものの、自作のTシャツを見せると一気に打ち解けた。Tシャツを作ってよかった。どうしてエルサルバドルを応援するのかと質問攻めに遭ったが、名前がかっこいいからと言うのは恥ずかしくて、「知り合いが住んでいて……」と変な嘘をついた。

エルサルバドルは中南米で最初に青年海外協力隊を受け入れた国で、その歴史は50年前に遡るそうだ。人々は優しくて物価も安く、とても過ごしやすい国だと、彼らは懐かしむように言った。

けれども都市部はやっぱり治安が悪くて、マフィアの銃撃戦に巻き込まれた隊員もいるらしい。そんな危険に晒されながら、国際協力に奉じている人たちもいるのだ。僕なんかはただの観光客にすぎないから、やっぱりそういう場所には行くべきではないかもしれない。

結局試合は日本が勝って、盛り上がりすぎた僕たちは終電が危ない。スタジアムを出て、見渡す限り続く長蛇の列を、早足で追い抜いていく。すると僕たちの服装を見て、周りの人々が口々に囁くのが聞こえてきた。

「あれ何の国旗?」

「エルサルバドルだ!」

見慣れぬ国旗に好奇の視線が注がれる。シャッター音が鳴る。ついには陽気なおじさんたちが前に立ちふさがり、スペイン語らしき言葉で話しかけてきた。一緒に写真を撮ってくれと言っているようだ。おじさんは完全に僕たちをエルサルバドル人だと勘違いしていて、説明する時間もなかったのでそのまま申し出を受けることにする。


「Gracias!」(ありがとう!)


おじさんは嬉しそうに手を振って去っていった。帰ったら家族に自慢するのだろうか。そうしたらまた、エルサルバドルという国に興味を持つ人が増えるかもしれない。

エルサルバドル人は結局見つからなかったけど、その夜は**僕たち自身がエルサルバドル人になった。**思わぬ形で夢が叶った。深淵をのぞく時、深淵もまたこちらをのぞいている。エルサルバドルを追いかける時、僕らは既にエルサルバドルにいるのだ。まだ見ぬ中米の小国から、潮騒の音が届いた気がした。

◇

後日。自宅でベッドに寝転がっていると、ポンと小気味良い音が鳴って、Facebookの通知が表示された。僕はそれを見て跳ね起きた。なんとエルサルバドル代表で10番を背負っていた**「ハイメ・アラス」選手からだった。**

そういえば「試合頑張ってください」というようなメッセージを送ったのだった。すっかり忘れていた頃に、アラス選手が返信してくれたのだ。

「日本はとても美しくて、素晴らしい。面白い国だよ。ありがとうフレンド」

行くことだけが旅じゃない。きっかけだってなんでもいい。名前がかっこいいという理由でも、太平洋を渡らなくても、エルサルバドルは僕の心に深く刻まれたのだ。

aishi

Jokoh.-Vancouver

Jokoh.-S.Francisco

Jokoh.-Honolulu

Ins.)

352000

m

青ケ島

352000メートル

レビュー「1・9」の宿、爆発する風、輝くおじさん

「上陸難易度Sクラス」。

青ヶ島は時にそう呼ばれる。本州からの直行便はなく、いくつかの島を経由する必要がある。だが海が荒れているために船の就航率は異常に低くて、季節によっては4割を下回る。ヘリコプターで飛んでいくのが確実であるが、一日の定員はわずか9名。一か月前に販売開始される予約券は即完売してしまう。

一方その難易度に反して、青ヶ島は魅力に富んだ場所である。世界でも珍しい「二重火山」はアメリカのNGOが発表した「死ぬまでにみるべき世界の絶景13」に日本から唯一選ばれた。

また**島の人口はわずか170人であり、日本一小さな村**でもある。島内には信号が押しボタン式の1つしかないが、押す者がいないのでほとんどオブジェである。
そんな魅力的な場所を放っておくわけにいかない。青ヶ島の存在を知ってからというもの、毎日予約サイトをチェックしていた。そうしたら不意にキャンセルが出て、予約をとることができたのだ。こうしてSクラスの島へ向かう旅が始まった。

青ヶ島への道中、経由地となる最初の島で早速問題が起きた。宿がない。今晩はこの島に一泊する必要があるが、どこもかしこも予約でいっぱいだ。浜辺で寝るには寒い季節である。
電話をかけては断られ、かけては断られ、ようやく一軒だけ空いている部屋が見つかった。値段も場所も確かめず、脊髄反射で予約をとる。これで凍死は免れた。
空港のタクシーに乗り込み、ベテランと思しき運転手に行き先を告げる。しかし彼はその宿をさっぱり知らない。そこで初めて場所を確認してみると、街中から遠く離れた山中に宿はあった。

「本当にここでいいんかね？」

マップを見せると、運転手は眉間に皺を寄せた。こんなところに道があったかなあとぼやきながら、アクセルを踏む。もう一度スマホの画面を確かめたところ、思わず息を飲んだ。

レビュー：1・9　★★☆☆☆

最近のGoogle Mapsにはレビュー機能がついていて、わりと信頼がおける。そのレビューが、5点満点でまさかの1・9。そんな点数を見たのは初めてだ。内容をのぞいてみると、そこには驚きの文言が並んでいた。

「旅行の楽しみを打ち砕く佇まいに恐怖」

「人生で一番ヒドイ宿でした」

戦慄する文章である。こんなレビューは見たことがない。

読み進めていくうちに内容はどんどんエスカレートしていって、

「危険地帯、危険部屋」


レビューというより、もはや警告だ。かつて「危険地帯」と表現された宿があっただろうか。宿とは本来、旅の疲れを癒し、危険から身を守るための場所なのに。

何が人をここまで恐怖させるのか？

色々と理由はあるようだが、1つはとにかく虫が多いらしい。


「虫の死骸がついた布団と、虫が縦横無尽に駆け巡るこの世の果て」


実に詩的な文章である。地獄を描写する機会があったら引用したい。

ひと通りのレビューを読み、さあ東京に引き返そうとしたところでタクシーが大きく揺れた。いつの間にか険しい山道に入り込んでいる。そして生い茂った森の中に、突然白壁の建物がぬっと現れた。それがこの世の果てだった。なお建物は半分茂みの中に沈んでいる。

運転手は「頑張りな」とエールを送って、山道を駆け下りていった。もうあと戻りはできない。恐る恐る中に入ると、受付の男性がいた。物腰は柔らかく、親切である。ロケーション以外、ごく一般的な民宿だ。ますます部屋への期待が高まってくる。

しかし案内された部屋は、決して豪華とは言えないまでも、少なくとも清潔そうであった。部屋の設備も値段相応といったところで、最悪のレビューにふさわしくない。

なんだろう。

なんか、拍子抜けである。

そうだ、布団。ここが伏魔殿かもしれない。思い切って毛布をひき剝がしてみるが、虫は1匹もいない。僕は虫が苦手だけど、あれだけレビューで脅された手前、ちょっとくらい出てくれてもいいのにと思う。

せっかく腹をくくってきたのに、ネットの情報も信用ならないものだ。肩透かしを食らった気になりながらビールをチビチビ飲んでいると、スマホの上に何かがペトリと落ちた。5㎝ほどの大きさのそれはしばらく静止したあと、もぞもぞとスマホの上を動いている。何かと思ったら、ヤモリだった。嫌な予感がして、天井を見上げた。

この部屋、めちゃくちゃヤモリがいる。

少し探しただけで天井、壁、台所、トイレ。大袈裟ではなく数十匹はいる。昔ラオスの安宿に泊まった時にも大量のヤモリがいたが、それを優に上回るヤモリ密度である。

虫のいない理由がこれでわかった。ヤモリはもともと「家守」からきていて、家を守ってくれるありがたい存在とされる。害虫を食べてくれるからだ。縦横無尽に駆け回っていた虫がいなくなったのは、このヤモリたちのおかげであろう。

Googleレビュー1・9点の宿。そこは今となっては危険地帯でもこの世の果てでもなく、ヤモリの楽園であった。

◇

ヤモリの宿を出た翌日、ヘリコプターに乗り込む。瞬く間に景色は遠ざかって、そのまま20分ほど飛ぶと、異様なシルエットの島が見えてきた。全体が崖で囲まれたそれは、間違いなく青ヶ島である。**断崖絶壁、まさに孤島。**ついにここまで来た。

ヘリポートに到着すると、民宿から迎えがきていた。しかし様子がおかしい。歓迎もそこそこに、早く宿に向かおうと急かされる。その表情には焦りの様子さえ伺えた。途中で島内唯一だという商店を横切ったが、真っ昼間だというのにシャッターを閉めている。どうやらただならぬ事態らしい。

実はその数日前、青ヶ島より遥か南方で、小さな風の渦が発生していた。それは北上するにつれ例を見ぬ勢いで巨大化を続け、瞬く間に勢力を増していった。

2019年に世間を騒がせた、台風15号「ファクサイ」だ。観測史上最強クラスとも称されたその台風は、進路を途中で変更し、この孤島へとまっすぐ向かってきていたのである。

宿はすでに大騒ぎだった。女将さんたちが窓に木板を打ちつけている。カンカンと響く乾いた音が、僕の不安を駆り立てる。

じきにピカリと一筋が空に走って、地響きのような雷鳴が轟いた。バケツをひっくり返したみたいな土砂降りに、窓の補強作業も中断せざるを得ない。果たして裸の窓は、この未曾有の台風に耐えられるのだろうか。

窓の強度以上に気にかかるのが、帰りのヘリコプターの就航状況だ。さっき到着したところなのに、もう帰りの心配をしている。だが当日ヘリが飛ばないとなると、非常に厄介な事態になる。なんせヘリはすでに1か月先まで埋まっているから、予約を変更することはできない。そうなると船が出るのを待つしかないが、台風後の海は時化るので、就航率はさらに下がるらしい。

ヘリが就航しない場合、**1週間は島を出られないだろう。**宿の人にそう告げられた。突然の島暮らしが始まるのもワクワクするけど、一応僕は会社員である。週明けの会議はとりあえずキャンセルするとして、台風が弱まるのを祈るしかない。大した観光もしないまま夜までだらだらと過ごし、船みたいにゆさゆさと揺れる真っ暗な部屋で眠る。

早朝、なにかが爆発するような音で起こされた。風の音だった。これまでの記憶にないくらいの、ものすごい暴風。女将さんが部屋に来て、**間違いなく停電するから、今のうちに携帯を充電しておけ**という。ここまで強い台風は経験がないともいう。興味本位にトイレの窓から外を覗いてみると、突風と雨が真横から打ち付け、木がメトロノームみたいに左右にしなっている。

この中をヘリが飛ぶというのは不可能な話で、案の定就航は中止になった。こうして僕は、帰る目処もつかないまま延泊を決めたのだ。

◇

帰れないと開き直ってからは、宿での生活は存外快適だった。部屋で寝転がっていると朝昼晩の定期号令がかかり、みんなで1つのテーブルを囲んで飯を食らう。大盛りのカレーライスのときもあれば、丼からこぼれ落ちそうな海鮮のときもあった。まるで学生時代の寮生活みたいだ。食卓の脇には青ヶ島名物、幻の焼酎「青酎（あおちゅう）」が置かれている。焼酎はあまり得意ではないけど、この酒はグイグイと進む。

台風で帰れなくなったという同じ身の上のもと、ほかの宿泊客とはすぐに意気投合した。青ヶ島に来るような人材には似たようなところがあって、だいたいが生粋の旅行好きである。消防士だという短髪の男性は、インドのアムリトサルに行ったことがあるらしい。閉ざされた島の閉ざされた宿で、青酎を片手にインドとパキスタンの国境の話で盛り上がる。島らしいことは何もしていないけど、濃密な酒を濃密な時間で割る。そうこうしているうちに、いつの間にか台風は島を通過していた。

台風一過の夜も、空には相変わらず雲が広がっている。青ヶ島は満天の星空で有名だが、もうそんなことは忘れていた。宿の晩酌では飲み足りなくなった僕らは、酔った勢いそのままに、島に2軒あるという居酒屋の1つに行くことになった。

台風明けにもかかわらず、店は大変に賑わっている。店長曰く、毎日40人ほどの来客があるらしい。村のホームページによると人口は170人なので、計算が合わない気がする。

カウンターで飲んでいると、次々と知らない人が話しかけてくる。どこからきたのか、なにをしにきたのか、なぜこんな時期にきたのか。さっき釣ってきたという魚を丸ごとくれたおじさんもいた。台風明けの海で、よく釣りができるものだ。おじさんたちはおしなべて陽気で、ちょっとしたことでガハハと気持ちよく笑う。

ひときわ調子のいいおじさんが横に座って、島はどうだと尋ねてきた。僕はこの島の素晴らしい景色、いや実際にはほとんど見ていないのだがヘリからチラ見した景色について、台風で帰れなくなったことについて、宿での楽しい日々について語った。

おじさんは満面の笑顔で頷きながら、もっとこの島を楽しんでいけと僕の肩を叩き、ふらふらと千鳥足で出て行った。あとから店長に聞くとおじさんは**この島の村長さん**だったらしい。どうやらこの店には、島中のありとあらゆるおじさんが集まるようだ。

朝の号令に、二日酔いの頭を抱えて起きる。今日も宿での一日が始まる。僕は船が出るまで、もう何週間でもこの島で暮らす覚悟をし始めていた。
そんな折、着信音が鳴った。見知らぬ番号は、ヘリの管制塔からだった。電話口の男性はきっぱりと、手短に言った。「ヘリが出ます。」思わず耳を疑った。
なんと、台風で帰れなくなった人たち向けに、予約不要の臨時便を出してくれるというではないか。救済措置としての、特別な便であるらしい。
驚いた。そんな制度があるとは知らなかった。しかしこれで東京に戻れるのだ。いざ状況が変わると、やっぱり帰りたくなってくる。だってココイチとか吉野家とか食べたいし。僕は二つ返事でヘリに乗ることにして、実際その翌日に無事青ヶ島を脱出することができた。予約がとれた時も呆気なかったが、帰る時も実に呆気なかった。

さて、ここからはあとに聞いた話だ。臨時ヘリは運営会社が就航を決めるのではなく、青ヶ島の村役場から要請があった際に出されるのだという。村役場が、東京に戻れなくなった僕たちのために臨時就航を決断してくれたのだ。

それってもしかして……**村長?**

ひょっとしてあの日、居酒屋で一緒に盛り上がったからだろうか。真偽は定かではないが、帰りの便を用意してくれた村長に感謝したい。

上陸難易度Sクラスの島では、青空に広がる絶景も、満天の星空も見ることができなかった。だがその代わりに、そこには焼酎のように濃密な時間と、星空のように輝くおじさんたちの笑顔があった。

54500

m

箱根ケ崎

54500メートル

検索されない場所、貸切の公園、ヤマアラシの嘘

僕は人間よりイノシシのほうが多い田舎で生まれ育った。だから上京して10年以上が経っても、いまだ人混みが苦手だ。満員電車なんかに乗ると、すぐに目眩がしてしまう。そのせいで電車通勤も電車通学もしたことがない。

時はゴールデンウィーク。しかも空前の10連休である。日本全国あらゆる場所が混みに混み、恐ろしくて出かけることすらままならない。きっとむせ返る人の波にさらわれるだろう。そういう被害妄想に怯えている。

では自宅に居ればいいのでは、と思われるかもしれない。だがそれも嫌だ。なぜなら寂しいからだ。GWに一人で家にこもるのはとても寂しい。かと言って人混みは苦手だ。そういう複雑な心境を抱えている。

そう、あれだ、**ヤマアラシのジレンマ。**鋭い針をもつヤマアラシは、凍えた身を寄せ合おうとしても針が刺さって傷ついてしまう。そうして離れると、今度は凍えて死んでしまう。そんな有名な寓話。本来は心理的距離に使われる用語だが、僕にとっては物理的距離も同様だ。人が近くにいすぎると苦しくなるし、一人で閉じこもると寂しくなる。そんな僕に、どこか良い場所はないか。混んでいないけど程よく楽しめて、かつできれば近めの、都合の良い場所はないか。

ここで**「東京　空いてる」**などと検索するのは最も愚かな行為だ。時は未曾有の大型連休、連休オブ連休だ。同じ発想のヤマアラシたちが集結し、結果お互いの針で刺し合う白兵戦となってしまうだろう。

ではどうすればいいか。

逆である。**「検索されていない」場所を探せばいい**のだ。

検索されていないとは、すなわち興味を持たれていない場所。好きの反対は嫌いではなく、無関心だと言われる。そういう場所が、僕にとっての桃源郷なのだ。

検索されていない場所、いわば「無検索駅」を探すべく、僕はまず所在地が**東京都内にあるすべての駅が記されたデータベース**を自作した。ＪＲから私鉄まで、西は奥多摩から東は小岩まで、実に９３０駅が掲載されている。

そして９３０駅のデータを、「キーワードプランナー」というツールにぶち込む。これを使えば、過去のＧｏｏｇｌｅ検索数がわかる。つまり全駅の検索ランキングが作れるわけだ。完璧な計画である。

データをキーワードプランナーに投げる。量が多いからか、なかなか結果が出ない。くるくる回る読み込み画面は僕をわざと焦らしているようで、もどかしい気分になる。

きっと検索数の多いのは東京か新宿だろう。問題は少ない方の駅だ。やっぱり23区外だろうか。それとも意外と都心にあったりして。駅名を予想しても、思い浮かべられる時点で候補からは外れる。

僕が探しているのは「こんな場所あったんだ！」という驚きだ。いつもの通学路に新しいルートを見つけた時みたいな、そんな新鮮な発見を求めている。

さあ、結果が表示された。まず、最も検索されている駅は……「乃木坂」。

乃木坂？

明らかに同名のアイドルグループのことを指している。こういう複数の意味をもつ駅名にとって、検索数は指標にならない。全然完璧な計画じゃなかった。ただ、2位以降の順位は妥当に見える。東京に新宿、池袋に渋谷。そして大御所の中に顔を出す吉祥寺はさすがである。

ただしこれ**は僕にとってのブラックリスト**だ。こういう地域に近づいてはいけない。田舎ではイノシシのシメ方は習ったが、人混みでの振る舞いは教えてもらえなかった。

ここからが本番だ。930駅を検索数が少ない順に並べ替える。そうすると「無検索駅」のランキングが完成する。

意を決して、マウスをクリックすると……やった。やりましたよ。期待通りだ。見事に馴染みのない駅が並んでいる。1位から見てみよう。順番に「荒川七丁目」「町屋二丁目」「荒川一中前」「荒川二丁目」……。

荒川多くない？

調べてみると、2位の町屋二丁目すら荒川区にあるようだ。つまりこの狭い地域に駅が密集していることで、検索ボリュームが分散してしまっているらしい。そこで、もう1つルールを追加することにした。

「半径1km以内の駅は同じとみなす」

これによって1～4位は統合されて、これらの駅は完全にランキングからは外れた。危なかった。騙されて人混みに行くところだった。そしてその結果、堂々の1位に躍り出たのが**「箱根ヶ崎駅」**だ。

箱根ではない、箱根ヶ崎だ。東京都瑞穂町にあるJRの駅らしい。箱根ヶ崎駅の月間平均検索数は30、実に**新宿の1万2千分の1**である。しかも半径1km内に他の駅が1つも存在しないという、まさに無検索の名を冠するにふさわしい駅だ。

箱根ヶ崎は1931年に開業した歴史ある駅で、近くの中学校や高校の通学駅としても利用されているという。そんな立派な駅が、なぜトップに躍り出たのだろうか。僕はここに強い興味を抱いた。理論上、新宿の1万倍混んでいない東京の駅。この場所で連休を過ごすことに決めた。

◇

箱根ヶ崎駅に向かう電車は、日中、30分に1本しかない。ゆったりと到着した銀色の車両に乗り込んで、隅の席に座った。車内は人がまばらで、ガタンゴトンというリズムだけが響いている。期待と不安がないまぜになって、振動と共に僕の胸を突く。

勢いのまま出かけたはいいが、本当に空いているのだろうか。貴重な休日に、僕はわざわざどこに向かうのだろう。窓に移ろう景色を見ながら、まだ見ぬ箱根ヶ崎を想う。

「箱根ヶ崎、箱根ヶ崎」

アナウンスとともに電車がのんびり停まって、ドアが開いた。僕は車内から飛び出して、ホームの階段を駆け上がる。僕の求めた「ヤマアラシの桃源郷」は果たして存在するのだろうか。

そうして目に飛び込んだ景色は……**めちゃくちゃ空いてる。**というか誰もいない。

駅構内は新しく広々としていて、それがこの空きっぷりを際立たせる。今がGWの東京であることを忘れそうになるほどだ。第一印象は180点。旅は最高のスタートを切って、僕は興奮を抑えられない。胸がドクドクと高鳴って、がらんどうの構内に響きそうだ。改札を出ると観光案内所があったが、誰も座っていない。つくづく期待を裏切らない。

駅前はかつて宿場町だったらしいが、今では住宅街が広がっている。案内に頼らず、足のおもむくまま歩いて回る。住宅街は「閑静」という単語をガラスケースに密封したみたいな静けさで、僕の足音だけがテクテクと響く。

知らない駅に降りるというのは、いつだっていいものだ。冒険心がくすぐられて、何もかもが新鮮に見える。普段は素通りする自販機なんかを眺めて、ほお100円か、みたいに呟く。バス停の看板を見ると、バスは週に1本しかなかった。190点。

赤い暖簾のかかった小さな中華料理屋に入る。知らない駅では食べログなんて見ないで、こういう景色に溶け込んだ店に入るのが良い。ふらっと、思いついたような顔をして。それが格好いい気がする。中では店員のおばあさん、それから常連らしきおじいさんが天津飯を食べていた。隅に置かれた小さなテレビではサスペンスドラマが流れていて、二人とも夢中になっている。僕は邪魔をしないよう素早くラーメン炒飯セットを注文し、無言で観客の輪に加わる。

運ばれてきた料理は素朴で優しく、飾り気のない口当たりが染みわたった。「こういうのでいいんだよ感」がある。店内は未だドラマの動向に釘付けで、おじいさんは持ち上げたレンゲを停止させたままだ。

ラーメンを汁まで飲み干した頃、ドラマは感動のエンディングを迎えた。店員のおばあさんの目にはうっすらと涙が浮かんでいて、僕はなかなかお会計を言い出せない。おじいさんのレンゲが再起動を始めたところで、この辺にオススメの場所はありますかと聞く。

2人は考え込み、ほぼ同時に「**何もないねえ**」と言った。

僕はお礼を言う。それが求めていた答えだから。

案内所に人がいなくても、地元民に勧められなくても、辺りを歩くと色々なスポットがあるとわかった。たとえば「みずほエコパーク」という公園だ。

話は変わるが先月、代々木公園に花見に行った。非常に厳しい戦いだった。公園には足の踏み場もなく、ゴミと酔っ払いが散乱し、花を見るよりも仮設トイレの行列に並ぶ競技に精を出した。

ここはそれとは正反対の公園だ。ほぼ貸切状態である。寝そべって昼寝するもよし、寝そべって読書するのもよし。とにかくスペースが余っているので、まずは寝そべってほしい。今ならトイレも行き放題。公園として完璧な空間がここにある。

「人が多いと怖いし、家の中は寂しい」。そんなジレンマに悩む僕にとって何とも快適な空間である。人混みという針に刺されることもなければ、孤独に苦しむこともない。

脱いだ上着を肩にかける。今日は本当に良い天気だ。喉が渇いて、100円の自販機で烏龍茶を買った。箱根ヶ崎の自販機は全部100円なのだろうか。財布に優しい街である。

さらに、箱根ヶ崎駅からは「羽村市動物公園」という動物園にも歩いて行ける。実際の最寄り駅は「JR羽村駅」になるが、僕は箱根ヶ崎のスポットだと断固主張する。名前に羽村市とついてしまっているが、東京ディズニーランドみたいなものである。

その動物園も期待に違わず、また随分と空いていた。都心なら人だかりができるペンギンもカピバラも見放題。他の客を気にする必要がないので、キリンのまだら模様の模様をいつまでも数えていられる。園内はアットホームな雰囲気で、子供も大人も楽しめそうだ。

インコと会話を試みたり、ハイエナとにらみ合ったり、テナガザルの曲芸を眺めたりしていると、あっという間に日が傾いていく。こうして動物園を落ち着いて回るのは、何年振りだろう。

ビーバーの潜水時間は長い。キリンは前足と後ろ足を同時に出す。よくよく観察していると、普段では気づかない発見がある。そんなどうでもいい知識を、時間をかけて育てることに余暇の価値がある。僕は存分にGWを楽しんでいる。ここはヤマアラシの桃源郷であり、200点の休日だった。こうして検索数に基づいた今回の旅は、無事幕を閉じた……かに思えた。

動物園の奥に、見学者のいないコーナーがある。近寄ってみると、何やら茶色の生き物がいる。看板には「**ヤマアラシ**」と書いてあった。

なんと、ヤマアラシのジレンマの、あのヤマアラシだ。

驚くべきは、その姿である。

2匹のヤマアラシは、普通にくっついて寝ていた。身を寄せ合って、気持ちよさそうにスヤスヤと。

なんのことはない。針も畳めば寄り添えるのだ。帰りに乗った中央線はいつも通り混雑していたけど、不思議と嫌な気持ちにはならなかった。

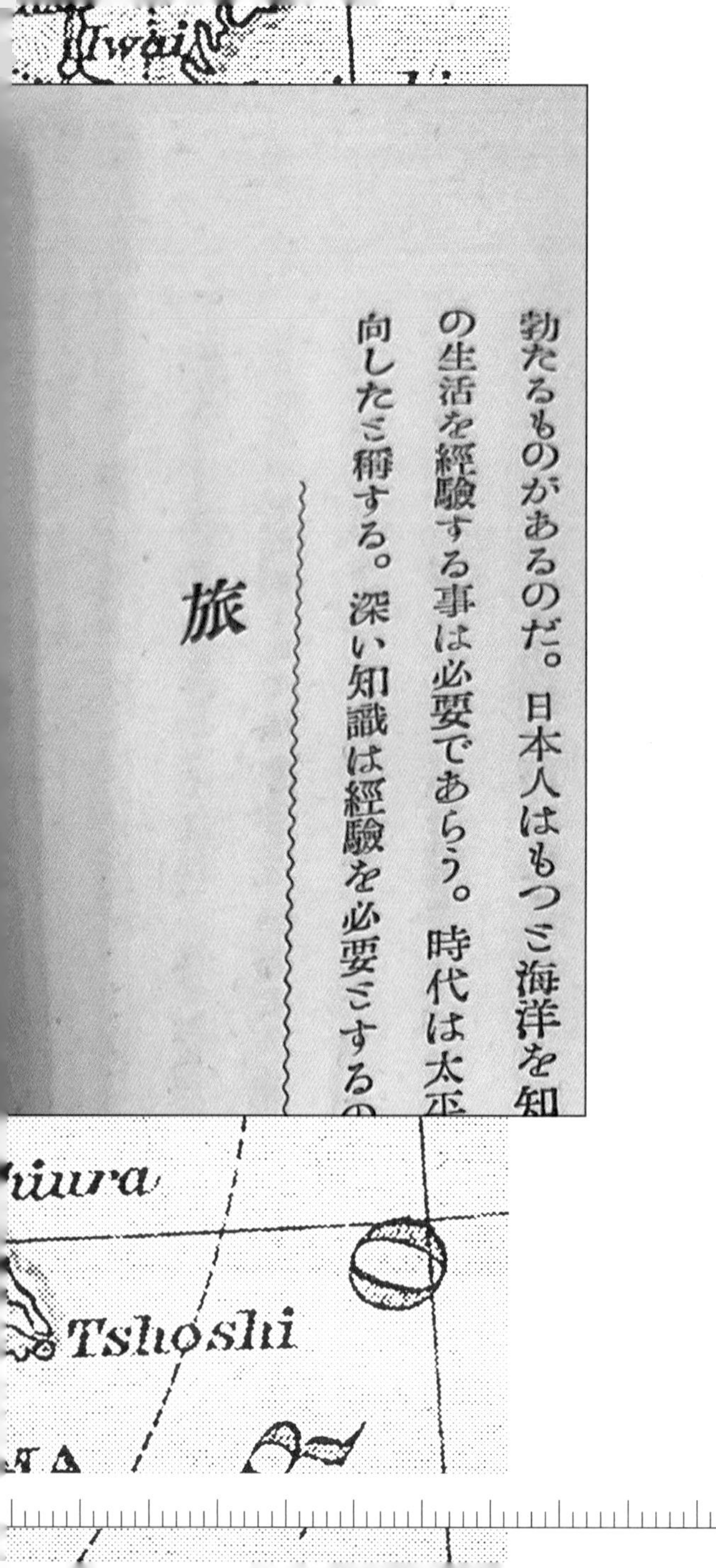
勃たるものがあるのだ。日本人はもつと海洋を知
の生活を經驗する事は必要であらう。時代は太平
向したと稱する。深い知識は經驗を必要とするの

旅

34200

m

国立

34200メートル

海の生活

己に歸らせるものである。友人にしても學
なかつた樣な性質がよく發揮されるのも旅であ
が殊に海上生活となると餘計そうらしい。海の
的なのも個性をはつきり現はして居るからでは
うか。兎に角旅と云ふものは人間を作る。自分は
も數度の旅に依つてつくぐ\さう感じた。思ひ出
もを懷古して見やう。

100年前の旅行記、汚れた部室、次の旅

大学に入った直後ほど、誰かから必要とされた時期はない。新入生というだけで各種サークルの先輩方にチヤホヤされ、やれ君はテニスに向いているだの、やれ君はボートに青春を捧げるべきだの、とにかく引っ張りだこである。自分には無限の才能が秘められているような気がして、鼻の穴を膨らませながら意気揚々とキャンパスを歩く。どんな青春を送るかはすべて僕のさじ加減。目の前には輝ける未来が待ち受けているのだ。

そうして5年後、僕は部室で寝転がってジャンプを読んでいた。平日の夕方だというのに、すっかりほろ酔い気分である。横では部員たちが恋愛ゲーム『ときめきメモリアル』に熱中して奇声をあげていた。テーブルに転がったビールの空き缶からはポタポタ

と水滴が垂れているが、誰も見向きもしない。部長は窓から顔を出してゲーゲーと吐いていて、部室には汗と酒とゲロの匂いが充満していた。
目の前にあったはずの輝かしい未来があまりにも眩しすぎて、前が見えなくなった僕はテニサーでもボート部でもなく**『太平洋倶楽部』**という怪しい名前のサークルに入部した。太平洋倶楽部は「バックパッカーサークル」を名乗る団体であったが、そもそもバックパッカーとは一人で海外に出かける人々を指すので、サークルである意味は特にない。実際こうやって集まってみても、この体たらくである。

「詩織〜！」

8年生の先輩女子が画面に向かって叫んでいる。詩織とは『ときメモ』のメインキャラクターの一人で、先輩たちは毎回データを消去しては、いかに早く詩織を攻略できるかを競っているのだ。果たしてここまで非生産的な学生生活を送れるものだろうか。もっとこう、ねえ？　いろいろ、ねえ？　あるんじゃないの。
この世のあらゆるサークルからあぶれた人間の最後の砦とも言える太平洋倶楽部には、いかにも社会不適合者という面構えの人間たちが所属していた。授業には決して出ることなく、日の沈む頃に起き出してはノロノロと部室に集まってくる。部員は揃いも揃って留年を繰り返し、その留年率は230%とも言われていた。100%以上は2留以降を意味している。

いずれも旅行フリークなのは確かだが、その旅行像は世間とは異なる。タイに行っては宿に引き篭るのが趣味の人もいたし、スーパーのレジ袋一つでインドに出かける人もいた。海外に行っても誰ともひと言も喋らず、代わりに『マインスイーパー』ばかり上達して帰国する奴もいた。

一般にイメージされるバックパッカーからキラキラ要素をすべて引いた残りかす、旅と怠惰と厭世を支えに生きている人間が集まっていた。かくいう僕もしっかりとそれにハマって、人より長い大学生活を、こうして人より長く寝転がって謳歌していたのだ。

ジャンプを閉じて、伸びをする。部室にある漫画はもうすべて読み尽くした。何か暇つぶしになるものはないかと、埃のかぶった本棚をごそごそ漁ると、一冊の古びた冊子を発見した。

表紙には手書きで「太平洋」と記されている。ページをめくるとびっしりと小さい文字で埋めつくされていた。内容はどうやら旅行記のようで、消えかけた文面に「190

2年」という数字が見えた。

そういえば聞いたことがある。このサークル、歴史だけはやたらと古くて、戦前から存在していたという。昔は随分まともな団体だったらしい。現に某企業の社長や学部長のN先生なども、うちのサークル出身だと聞いた。

実はこの太平洋倶楽部は、かつては企業が学生に旅費を援助し、海外に送り込む機関だったようだ。代わりに学生たちは当時としては非常に珍しい**旅行という形での海外訪問を、レポートにして報告していたら**しい。もしかすると、この旅行記はその時の貴重な史料なのかもしれない。

それにしても、時間が経つとサークルも旅人もこうも変わってしまうのか。100年前、大志を抱いて海を渡った彼らが今の僕たちを見たら卒倒するであろう。その歴史のおかげで大した活動もせずにこうして広い部室を享受しているわけであるが、今の部員たちは感謝のカケラも持ち合わせていない。この100年前の旅行記だって、ジャンプと一緒に放置されていたのだから。

こういうものはどこかに提供すべきだろうかと思いながら、留年生の僕にそこまでの気力はない。せめてTwitterに記録しておこうと、今日の1日を呟いておいた。

いいねはつかない。僕はまた寝転がって、詩織詩織の大合唱の輪を見つめていた。2011年の秋のことだ。

そして2020年。太平洋倶楽部の平均値通りに大学を6年かけて卒業し、まともな社会人のふりにも慣れてきた僕は、毎日をそれなりに忙しく過ごしている。だからたとえば知らない人からメッセージが届いても、往々にしてスルーしてしまう。だけどそういう場所に、ごく稀に旅への扉が隠されていることがある。

僕がそのメッセージを開いたのは、単なる気まぐれだった。飲み会の予定がなくなった夜に寝転がりながら、無造作に溜まったフォルダを覗いてみたのだ。するとそのうちの一通に、文頭から懐かしい単語が含まれていた。

古い話で恐縮ですが、岡田さんが2011年のツイートで太平洋倶楽部のことを書かれていました。1902年の古い記録もあるということでしたが、現状その記録はどうなったのか記憶にあられますか。

転がる缶ビールに部員の奇声、漂う汗とゲロの匂い。それまですっかり忘れていた、**9年前の記憶が突然蘇ってきた。**インターネットというのは不思議なもので、あの時何気なく呟いたひと言が、こうして時空を超えて誰かに届くことがある。まるでタイムカプセルを開いたような気持ちになって、僕は急いで返信を打ち込んだ。

野村さんという差出人の女性は、僕の母校の先輩で、かつ大学の関係者らしい。なんでも大学の150年史なる壮大な学史を編纂していて、そのために昔の情報を集めているという。その中でかつて僕の見かけた旅行記が、**歴史に残る貴重な史料かもしれない**というのだ。

僕はあの古びた冊子を思い出した。そうとなれば責任重大である。旅行記を書くという趣味とも重なって、あのとき放り投げた一冊を、なんとしても入手したくなった。気づけば頭の中は、あの冊子のことでいっぱいだ。

まずは誰に問い合わせればいいだろう。後輩はもちろん、当時のサークル部員の連絡先もさっぱり知らない。さすがは大学随一の退廃的集団というだけあって、卒業後ほとんどの部員が消息不明になってしまったのだ。そもそもサークルが現存しているかもわからない。僕は別ルートのツテを辿って、母校の学生何人かに尋ねてみた。

——太平洋倶楽部ってサークルを知ってる？

「聞いたこともありません」

終わった。全員から同じ返事がきた。やはり廃部になってしまったのだろうか。僕のいた頃から新歓活動すらしていなかったので、当然といえば当然である。しかしもう少し食い下がることにした。

——自転車部の隣に部室があった気がするんだけど。

「そこは今、別のサークルが使っていますね」

確定である。**太平洋倶楽部は潰れた。**

ただまだ諦めるのは早い。現在その部室を使っているという別のサークルのホームページを見つけたので、ダメもとでコンタクトをはかってみた。すると代表の方から、すぐに丁寧な返信が届いた。

太平洋倶楽部の史料の一部は確かに部室に現存していると存じ上げております。私の記憶では具体的には小さな棚の一段分、十数冊ほどの史料があり、その中には戦前のものもあったかと思います。

それだ！　廃部になった太平洋倶楽部の冊子が、まだ部室に残されている。あのときの史料を、もう一度手にするチャンスである。

1か月後。野村さんは大学側と交渉し、史料を回収する許可を得ていた。僕も同行を願い出て、母校のある東京都国立市へと向かう。久々の国立は昔と変わらず、都内とは思えない穏やかな雰囲気に包まれていた。

キャンパスへと入り、図書館で野村さんと落ち合った。野村さんはすでに史料の回収を済ませたという。机の上に置かれた箱が、どうやらそれのようだ。ゆっくりと蓋を開けると、ボロボロの冊子が顔を出した。

これだ。

まさしく、僕がかつて部室で寝転がって読んでいた旅行記だ。野村さんはにっこりと笑って、「貴重な文献がありそうだね」と言った。

表紙をめくると、目次の前に「太平洋倶樂部規則」というページがあった。団体のルールが書かれているらしい。

本會ハ太平洋沿岸諸國ノ諸事情ヲ調査研究スルヲ以テ目的トス

やはりこのサークルは、調査研究を目的とした団体だったようだ。そしてその続きには、サークルの顧問は「卒業生の名士」、部長に至っては大学の学長が務めると記されている。これには驚いた。僕の知っている太平洋倶楽部には顧問なんていなかったし、部長は窓からゲロを吐いていた記憶しかない。

野村さんによると、どうやら戦前のそうそうたる名士たちがこの団体に関係していたらしい。だからこそ多額の資金力を持って、私的に学生を海外に送り込むことができたのだ。選ばれた学生たちは、きっと生粋のエリートだったに違いない。

太平洋
第参號
太平洋倶樂部機關雜

さて肝心の中身を読み進めると、さすが太平洋倶楽部というだけあって、アメリカ渡航について書かれたものが多い。ポイントは100年前に国からの派遣や留学ではなく、研究目的といえど、**あくまでプライベートな「旅」として海外に訪れている**ということだ。現に記された内容は論文というよりは、彼らの心情を描いた旅行記として読めるものだった。

旅行は人生のカンバスをいろどる絵具である。學生々活の最後を飾る思ひ出にと思立つた北米旅行中に己の目に見己の耳に聞いた事柄を貧弱な頭で消化してこれから書き記して後日記念として見たいと思ふ。基礎知識らしいものもない、まして参考にする書物もない。ほんとうの白紙の上にただ見た事聞いた事をあぁこう思ふままに書きつけて見るだけである。

『アメリカをみた記聞いた記』より

スマホどころか旅行ガイドすら無い時代。海外を旅することには、相当の困難を伴ったろう。当時の学生たちは初めて見る異国に何を感じ、何を思ったのだろうか。アメリカに対する印象は各々違ったようである。

日本の都の夜を粧ふ燈を光の海に例へるならば、シアトルの夜に立ち並んだ建物にきらめく無数の燈は光の山といふべきで有らう。
此処に於ひて吾人はブロードウェイと銀座に日米両國の小売販売上に経済的な相違点を見出すのである。（中略）ブロードウェイの店舗経営方法の方が遥かに合理的である。

『シアトル市のブロードウェイと東京市の銀座』より

米國人の生活には詩がない。歌がない。あるにはあつても渋みも知らぬ詩であり歌である。（中略）例へて見れば米國人の美はコーヒーの味に似て、日本の美は緑茶の味に似て居る。

『アメリカをみた記聞いた記』より

いずれもアメリカという経済大国の姿に感心し、あるいは戸惑い、あるいは反発している様子が見受けられる。

同じだ、と僕は思った。

自分とは異なる存在と出会うこと。すぐには理解できない環境に放り投げられること。そういうものに遭遇したときの戸惑い。動揺。それらがなんだか癖になって、僕はあの頃も、そして今でも旅に出るのだ。100年前の旅行記にも、若者たちのそういう心の動きが活き活きと描かれていた。

「旅」と題する投稿には、次のような文章が記されている。

自分は旅と云ふものを次の様に考へている。本然の自己に帰らせるものである。

わけのわからないものに出会ったときに、自分の本性が垣間見える。それは思ったより美しかったり、往々にして醜かったりする。名士の支援で渡ったエリートたちの旅も、居酒屋のバイト代で渡った留年生の旅も、その点については同様かもしれない。

ちなみに掘り出された史料集の中には、僕が在籍していた時の部室ノートも残っていた。中には当時の僕の書き込みもあって、

新しいメガネをかいたい。　岡田

勝手に買え。100年後にはこのノートにも価値が出るだろうか。出ないなきっと。

◇

回収された史料は、（部室ノートも含めて）大学の図書館に保管されることになった。これから他の文献と照らし合わせて、価値のあるものは学史としてまとめられるという。図書館をあとにして、キャンパスを歩く。静まりかえった景色に、部室で朝まで飲んだ秋の日を思い出す。あの時もこんな風に誰もいなくて、冷たい空気が酔いを醒ましてくれるのが気持ちよかった。

キャンパスを出ようとした時、校門に向かって自転車を漕いでいる人を見かけた。野村さんはあっと声をあげて、その人物に駆け寄っていく。知り合いだろうか。不思議なのは、僕もその男性をどこかで見た気がすることだ。

「ほら、N先生だよ！」

野村さんが言う。N先生……そうだ、当時学部長だったN先生。あの**太平洋倶楽部のOBだというN先生**である。

「すごい偶然！」

野村さんは興奮気味だ。太平洋倶楽部の史料を捜しに訪れたキャンパスで、ばったりとそのＯＢの代表格に出逢う。確かにできすぎた話である。できすぎた話なのであるが、なぜだか僕はそれが自然なことに思えた。

今では大学の副学長となった先生に事情を話し、太平洋倶楽部の話に花を咲かせる。先生はこう言った。

「僕が学生だった頃はね。ＯＢの企業からお金をもらって、学生を海外に送り込む仕組みはまだあったんだよ。だから毎年旅行記を、学生主体で冊子としてまとめていた」

「でも、学生たちがあまりに奔放に旅をするもんだから、ある時ＯＢが怒っちゃってさ。旅行記の発刊を、とある企業が管轄するようになったの。**企業主体の旅行記として生まれ変わった**わけ」

「そしたらバブルが崩壊して、その企業が潰れちゃって。で、その伝統が途絶えたんだよね。細々とサークル自体は続いてたみたいだけど、旅行記はなくなっちゃった」

あれだけ大学の肝いり団体だった太平洋倶楽部がすっかり形を変えてしまったのには、そんな理由があったのだ。ずっと疑問に思っていた謎がここで解けるとは。先生は目を細めて言った。

「今思うと、もっと大人が学生を信じるべきだったんだよね。**学生ならではの奔放さ、未熟さってものを受け入れるべきだった。**それをできなかったから、太平洋倶楽部は潰れたんだと思うよ」

夕日が大通りに影を落とす。長い旅のような一日が終わった。頭に思い浮かぶのは、かつてふらりと海外に出かけて、何をするでもなく帰国して、あとは部室で寝転がっていた日々。あれも学生ならではの奔放さだったのだろうか。僕はもっと、あの頃の記憶を大切にするべきかもしれない。

国立駅から電車に乗ろうとしたとき、野村さんが思い出したように言った。

「この旅行記、実は以前も捜したことがあったの。でも部員とは連絡がつかないし、全然情報が出てこないから諦めた。それで最近また気になって調べたら、あなたのツイートが見つかって。そしたら旅行記は手に入るし、さらに先生にまで会えるなんて」

「**後世に残る史料っていうのは、史料自身が見つけて欲しいタイミングで見つかる**んだと思う。だから全部の偶然がつながったんじゃないかな」

中央線がゆっくりと動き出す。移りゆく景色をぼんやりと眺めながら、僕は書くこと、そして旅をすることについて考えていた。

100年前の学生が旅行記を書いたから、太平洋倶楽部という団体が存続した。その団体があったお陰で、僕は旅に出るようになった。その僕がインターネットに呟いたから、旅行記を捜す偶然の旅が始まった。そして結果、100年前の旅の記録にまた出会えたのだ。

旅を書くことは、次の誰かの旅につながる。オレンジ色の車両に揺られながら、僕は今日という日を文章に残しておくことに決めた。

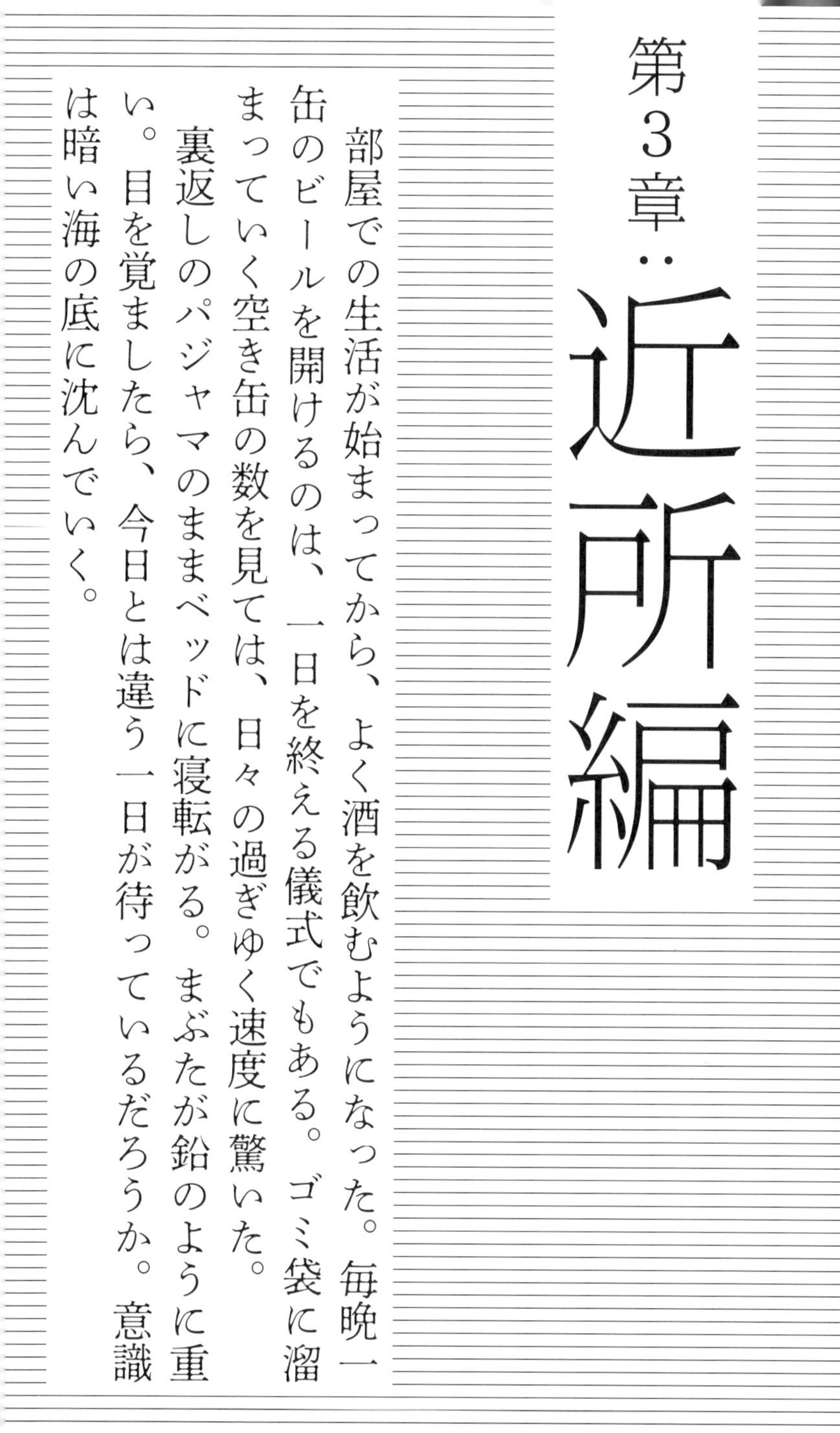

第3章：近所編

部屋での生活が始まってから、よく酒を飲むようになった。毎晩一缶のビールを開けるのは、一日を終える儀式でもある。ゴミ袋に溜まっていく空き缶の数を見ては、日々の過ぎゆく速度に驚いた。裏返しのパジャマのままベッドに寝転がる。まぶたが鉛のように重い。目を覚ましたら、今日とは違う一日が待っているだろうか。意識は暗い海の底に沈んでいく。

旅を創るということ

1600万メートルから始まった物語の舞台は、ついに家の近所までやってきた。そこにはなんの観光名所も登場しない。出てくるのは駅前の寿司屋や、近くの郵便局だ。ここから紹介する物語は、ひょっとしたら普通の旅行記とはかけ離れているかもしれない。でも美しい景色を見に行ったり、美味しいものを食べに行ったり、そういうものだけが旅ではない。**旅とは消費するだけではなく、ときには創りあげる行為である。**

1790年、フランスのグザヴィエ・ド・メーストルという作家が、決闘罪で42日間自宅の寝室に幽閉された。部屋から一歩も出られないその期間に、グザヴィエはとある1冊の本を書いた。部屋の中を異郷にみたて、自由に歩き回り、それを**『わが部屋をめぐる旅』**という旅行記に仕上げてしまったのだ。

「部屋は東から西に向かつて長方形を形づくり、壁とすれすれに歩いて三十六歩で一周出来る。だが、私の旅はそれ以上の歩数になるだらう。なぜなら、私は屡々縦横に或ひは対角線に沿つて部屋を横切り、規則にも方法にも従はないだらうから」

『わが部屋をめぐる旅』グザヴィエ・ド・メーストル・著/永井順・訳

どれだけ通学路を厳しく指導しても、子どもが道草をするのを止めることはできない。細い路地、塀の隙間、ちょっとした段差。そんな少しの手がかりから、子どもたちは巧みに道草の冒険を創り出してしまう。

旅も同じだ。**たとえ遠くへ移動できなくても、旅人から旅を奪い去ることはできない。**想像力を膨らませること、些細な巡り合いに興味を持つこと。そういうことを繰り返していれば、近所にだって旅は創れる。そう信じているから、この章を書く。

1300

m

1300メートル

駅前の寿司屋

寿司の王、未来予測の衝動、3年間の記録

寿司が好きだ。そもそも米がうまいし、おまけに刺身は超うまい。それを重ねるなんて、個性が衝突しておかしくなりそうだ。でもメキメキうまいんだ。だから寿司はすごい。寿司 is King.

五反田駅の近くに「魚がし日本一」、通称「魚がし」という立ち食い寿司屋があって、調子の良い時は昼と夜に行く。手頃な価格でうまい寿司が食えて、少し雑多で気を使わない感じもいい。

魚がしには「LINEクーポン」というものが存在する。LINEで魚がしを友達登録すると、毎週火曜日にクーポンが送られてくるのだ。たとえば「サーモン」のようにネタを指定されて、それを無料で食べられる。ネタは毎週ランダムで、明日は何が送ら

れてくるのかと、ワクワクしながら前日の夜を過ごしたものだ。

しかしそのうち、ただ届いたクーポンに一喜一憂するだけでは物足りなくなった。そうして思ってしまったのだ。**「来週のクーポンを予想できないか?」**と。

小さく灯った疑問の火種は、やがて大炎と化して僕の情熱を焚きつけた。この感覚を僕はよく知っている。これは未知の旅への衝動だ。こうして燃え上がった炎は、灰になるまで決して消すことはできない。ただそれに身を任せる。

未来を知るには、過去から学ぶ必要がある。ここから**3年間、僕は魚がしのクーポンを毎週記録し続ける**ことになる。

3年間のクーポンの歴史は、大きく5つの時代に別れる。寿司がKingであることは明白なため、これを世界史における「王朝」の概念によって説明していきたい。

1. 王朝成立前の戦国時代

2015年12月29日。記録はこの年の瀬から始まっている。最初のクーポンはしめさば。僕は日付と共に「しめさば」とＥｘｃｅｌにタイプする。記念すべき第一歩だ。

２０１６年1月5日。ねぎとろ。

２０１６年1月12日。まぐろ。

２０１６年1月19日。サーモン。

２０１６年1月26日。えんがわ。ついにきた。最高に好きなネタだ。僕は小躍りで「えんがわ」と記入する。脂の乗ったえんがわは舌の上をすべるように溶けていく。

２０１６年3月1日。煮あさり。見慣れないやつだ。これまでの傾向として、クーポンには幅広く人気のあるネタが並んでいた。それに比べると、煮あさりは地味に聞こえる。食べてみたが、やはり味も地味である。翌週には「トロサーモン」という高価なクーポンが配布されたが、煮あさりの埋め合わせかもしれない。


こういう感じで毎週クーポンを記録していったが、肝心の予想はまったく当たらない。新しいネタもどんどん登場してくるし、王朝と呼べるような確固とした時代は形成されていない。言うなれば**ネタの戦国時代**である。

転機が訪れたのは、半年が経った頃だった。

2016年6月7日。べっとりとした湿気が身体にまとわりつくような梅雨の火曜日。僕は自室でクーポンの記録を穴があくほど見つめていた。

サーモン→まぐろ→しめさば→焼きゲソ→ねぎとろ→トロサーモン→えんがわ→煮あさり。

サーモン→まぐろ→しめさば、その次は…焼きゲソ。

高鳴る心臓の鼓動が、いつの間にか外の雨音を掻き消した。僕は何度も確認した。間違いない。**クーポンに周期性が観測されたのだ。**

サーモンから始まるそれはまぐろ、しめさば、焼きゲソと続き、煮あさりまでの約2ヶ月間で1周期を形成している。煮あさりはアンカーとしてまた次のサーモンにバトンを戻し、ぐるぐるとサイクルが回っていくのだ。

3周目に差し掛かった時、仮説は完全に確信に変わった。周期の発見はクーポンの完全予想を意味する。「リーマン予想」ならぬ「クーポン予想」の証明が完成したことに、梅雨の黒雲が晴れたかのような気分になった。

ネタの戦国時代に終止符をうった、サーモンを起点とする周期。僕はこれを歴史に刻むべく、「**サーモン朝**」と名付けた。

2. 超長期 サーモン朝

まぐろにトロサーモン、そしてえんがわ。サーモン朝の特徴は、人気のネタが万遍なく配置されていることだ。煮あさりだけが気になるが、このラインナップには概ね満足している。

何より、毎回次の予想がピタリと当たるのが楽しい。まるで少し先の未来が見えるかのような、そんな万能感に浸ることができる。同僚に自慢したら「バカなの?」と言われた。サーモン朝を発見したあとも、僕はなおクーポンの記録を続ける。思い通りの結果を打ち込む快感。周期が重ねられる安心感。毎週火曜日は、いつもよりちょっと特別な日になった。

◇

そして1年が経った。サーモン朝の周期はまだ続いていた。全能感に陶酔していた僕も、流石に途中で気づくことになる。これつまんねえ、と。

そう、予想できる未来はつまらない。ガイドブックの景色を確かめるだけでは楽しくない。**先がわからないから夢中になれる。**予定通りの結果を記録して、いったい何になるというのか。

2017年2月21日。サーモン朝はついに7周目に突入する。世間ではプレミアムフライデーという政策が始まって、それに合わせて「プレミアムフライデークーポン」が配られるようになった。すぐ終わった。プレミアムフライデーと同じくらい根付かなかった。この頃になると、予想が当たるたび僕はため息をついた。江戸幕府のような超長期政権をぶち壊す、新たな黒船を待ち望んでいた。

2017年4月4日。例年より早い桜が散り始め、道路を薄紅色に染め上げた火曜日。Xデーは不意に訪れた。すでに周期を暗記していた僕は、その日配信されるクーポンが「えんがわ」であることを知っていた。LINEの気が抜けるような着信音がして、目に飛び込んできたのは、えんがわではなく焼きゲソだった。

3 絶対王政 焼きゲソ朝

それは革命だった。1年ぶりの周期崩壊だ。僕の心は激しくざわついた。久しく忘れていた熱い何かが、ゲロを吐くみたいに胸元から込み上げてきて、そのまま口から咆哮として飛び出した。

焼きゲソ!

地味なようで安定の人気を誇る、ダークホース。バーナーでこんがりと焼かれたゲソは、噛むとコリコリと小気味良い音がして、ちょんと上に乗せられたマヨネーズと調和する。

身体がカンカンと火照っていた。これだ。この興奮を求めていたのだ。焼きゲソがサーモン朝を滅ぼしたことで、かつての予想できない未来がまた戻ってきたのだ。

僕はあの頃の気持ちを思い出し、襟を正してクーポンの記録を再開する。

波乱の焼きゲソの次は煮あさりで、これは特に感想はないが、続いて「海老」という新しいネタが登場した。1年ぶりの新ネタだ。やはり焼きゲソは、時代に新しい風を吹かせてくれる。

しかし驚きは終わらない。海老のあと、ねぎとろを挟んで現れたのは……焼きゲソ。また焼きゲソだ。そして今度はあなごを挟んで……焼きゲソ。また焼きゲソ！

なんと4度に1回のペースで焼きゲソが現れるのだ。ここまで同じネタが頻繁に登場するのは、1年半で初めてのことである。

僕はゴクリと生唾を飲んだ。額にうっすらと汗が滲み、細長い一筋となって流れた。

こいつもしかして…暴君か？

フランス革命が起きて、ロベスピエールによる恐怖政治が始まった。ロシア革命は、その後のスターリンの独裁を招いた。革命はいつだって正義の名の下に行われ、しかし往々にして異なる恐怖も生み出してきた。

僕は魚がしの仕入担当が一時的にイカを買いすぎたのかと疑ったが、それは間違いだった。焼きゲソが焼きゲソを追いかけるような焼きゲソ黄金期は継続し、そしていつの間にか焼きゲソを始点とする新たな周期が出来上がったのだ。

焼きゲソ↓煮あさり↓海老↓ねぎとろ↓焼きゲソ↓トロサーモン↓いか↓あなご。

焼きゲソ↓煮あさり↓海老…間違いなく周期だ。

自身が象徴でありながら自ら権力を振るう、中央集権的な絶対王政「焼きゲソ朝」の誕生だった。「朕は国家なり」ならぬ「ゲソは国家なり」である。僕のＬＩＮＥは焼きゲソの焦げ茶色で埋まってしまうかと思われた。しかし悪政は長くは続かない。

２０１７年7月25日。２回目の周期が終わり、みたび登場するはずだった焼きゲソはやってこなかった。

焼きゲソ朝は、あっさりと終焉を迎えた。

そして焼きゲソに代わって現れたのが、ミル貝刻み軍艦。……ミル貝刻み軍艦？　そんな寿司が存在していたのか。寿司の世界は広い。

ミル貝刻み軍艦の登場は後にも先にもこの日だけで、誰が考えたのか、なぜ社内稟議を通ったのか、多くの謎が残されたままである。

いずれにせよ、暴君焼きゲソの時代は終わった。かつて謎の古代民族「海の民」がミケーネ文明を衰退に追い込んだとも言われるように、ミル貝刻み軍艦とかいう得体の知れぬ怪人が、焼きゲソの短い絶対王政を打ち砕いたのだ。

4.「最後」の王朝　煮あさり朝

２０１７年9月26日。日差しがイチョウの木々に差し込み、きらりきらりと黄金色に揺れる火曜日。焼きゲソのあとを継ぎ、覇権を握った存在がいた。煮あさりである。

思い起こせば、いつもそこに彼はいた。じっと出番を待っていた男が、ついに頭角を表したのだ。煮あさりはなぜか途中で「煮あさり軍艦」と名前を変えて軍艦化して、どんどん勢いを増していく。そして約半年間という、サーモン朝に次ぐ長期政権を打ち立てることとなった。

しかしこの時代について多くは語らない。**地味だから。**

記録をとり始めて2年近くが経過していた。Ｅｘｃｅｌシートは１００行を越えていて、何度かやめようと思った。しかし偉い人がよく「3年は続けなさい」みたいなことを言うし、なんとか3年、つまり２０１８年の12月末まではやりきろうと、鉄の意思で記録を続けた。

2018年3月19日。残寒が街路樹を吹き抜け、コートの隙間から入り込んでくる月曜日。「五反田店限定　緑茶ハイ！」と酒をプレゼントする五反田らしいイベントがあったあとで、パラダイムシフトが起きた。

クーポンの配信日が、火曜日から月曜日に変わったのだ。それに伴い、煮あさり朝も崩壊した。最後まで地味なやつだった。

物語は12月のゴールに向けて、クライマックスを迎える。

5. そして現れし者

終わりに向けて、僕の好奇心は再燃していた。クーポンとは本来、マーケティングのための存在だ。僕もかつてそういう仕事をしていたが、マーケティングとはいかに効率的かつ大量に商品を売るかという経済活動である。その意味でクーポンを記録し続けるというのは、対極にある行為かもしれない。

しかしだからこそ。クーポンを最後まで見届けることが、ことさら重要なミッションに思えてきた。この活動の果てに、一体どんな結末が待っているのだろうか。

2018年9月10日。残り3か月。不意に「ねぎとろ納豆軍艦」の新しい周期が生まれた。これまでの各王朝の長さを考えると、3年間の記録は「ねぎとろ納豆軍艦朝」で終わるかもしれない。名前が長い。

2018年11月26日。残り1か月。築地市場が閉場して、それを労うイベントが多く開催された。

2018年12月17日。残り2週間。ゴール目前にて、突然周期が崩壊した。これで記念すべき最後のクーポンが完全に予想できなくなった。本当に最後まで楽しませてくれる。

終わりを飾るのは、果たして誰か？

傍若無人の焼きゲソか？

それとも煮あさりか？

はたまた新メンバーの登場か？

12月31日。大晦日の月曜日。

その日のクーポンは……ない。

クーポンがない！

3年間の観測史上、初めてクーポンが配布されなかったのだ。これまで年末であろうと祝日であろうとお盆であろうと、いつの週も僕のＬＩＮＥにクーポンは届いた。それが最後の最後に裏切られた。３年間幾多の予想を当ててきたが、これには度肝を抜かれた。あまりに不可解な結末だった。

そんな折、とある記事が目に飛び込んできた。

「大戸屋」や「幸楽苑」、「ロイヤルホスト」などの外食チェーンが、次々と大晦日の閉店を発表したのだ。そう、**働き方改革である**。

２０１８年は働き方改革が盛り上がり、その波が外食業界にも訪れていた。これは推測にすぎないが、魚がしにおいても同様の試みがなされたのではないだろうか？

その証拠に、プレミアムフライデーに築地市場の閉場。これまでもクーポンは時代の流れに敏感に反応してきたではないか。フロンティアたる魚がしクーポンが、働き方改革の波に乗らないはずがない。ていうか担当者も大晦日くらい休んでほしい。全部これで良かったんだ。

こうして、僕の記録は「無」で幕を閉じた。旅の目的地には何もなかったのだ。だが重要なのは過程だった。寿司を追い続けた3年間は、僕の平凡な火曜日を特別な日に変えた。

「大切なものは　ほしいものより先に来た」

漫画『HUNTER×HUNTER』の台詞を思い出していた。

魚がし五反田店には、今でもよく通っている。あれから店舗リニューアルがあって、店内もすっかりお洒落になった。クーポンは相変わらず毎週届いて、僕の胃袋をちょっと多めに満たしてくれる。その度に僕は、夢中になってクーポンを記録し続けた日々を思い出す。

手紙・はがき(小型郵便物)
LETTERS・POSTCARDS
郵便
POST

800メートル

郵便局

1年前の手紙、おにぎり、不機嫌な管理人

手紙を書くのって照れる。それも「自分への手紙」となれば、なおさら照れる。自分の声の録音を聞いたり撮られた映像を見返したり、そういう時も結構恥ずかしいが、自分へ手紙を書くのはまた極上の照れがある。

僕は中学校の授業で自分への手紙を書いたことがあり、書き出した時点で早々と打ちのめされたのだが、その授業ではさらに手紙の内容を発表させられた。その時間はもはや「恥ずかしい」というよりは「今すぐ自爆したい」という感想しか出てこず、気分が悪くなって早退した。それ以来、自分への手紙というのはトラウマだ。

だから自分がもう一度手紙を書くなんて、いや、正確には書いたなんて、そのメッセージを見るまでは思いも至らなかった。

同級生のＬＩＮＥグループだった。そこには「手紙が届いた」という報告が並び、それに対して「届いてよかった！」という返信がつく。この時点で首を傾げた。手紙って何だっけ？

読み進めるうち、僕の顔は青ざめていった。ちょうど一年前、とあるイベントに参加した。イベントは趣向が凝らされており、僕は思わず泥酔した。しかしどうやら最後に**「一年後の自分へ手紙を書く」コーナー**があったというのだ。

記憶の糸を手繰り寄せる。確かにあの日、何かを書いた気がする。内容はまったく覚えていないが、封筒を受付に渡す場面がフラッシュバックした。まさか、あれが自分への手紙だったのか。ＬＩＮＥを眺めていると、どうやらグループにいる全員に手紙が届いたようだ。

おかしい。**手紙、届いていない**。さっと血の気がひいていく。書いた手紙が、なぜか届いていない。そしてその理由は想像がつく。数ヶ月前に引越しをしたのだ。転居手続きをオンラインで行なったはずだが、それがうまく処理されていない可能性がある。

ある夏の日。こうして、僕の**一年前の手紙を探す旅**が始まった。

とりあえず急いで近所の郵便局に向かう。転居手続きの結果を確かめるためだ。お昼時だからか、郵便局の窓口には長い順番待ちができていた。僕はそわそわしながら整理券を握りしめる。

冷房は十分すぎるくらいに効いているはずなのに、額からは汗がとめどなく流れてくる。まるで法廷で判決を待っている気分だ。受付の局員が裁判官、ずらりと並んだ椅子が傍聴人席、そして僕はもちろん被告。20分ほど経ってようやく番号を呼ばれた僕は、クシャクシャになった整理券を持って証言台へと立った。そして告げられた判決はあっけないものだった。

「**手続きされてないですね**」

オンラインで行ったはずだと控訴したが、申し立ては棄却された。

◇

手続きには失敗していたが、チャンスはまだ残されている。手紙はおそらく、古い住所に届いたはずだ。そして**古い住所には、実は友人が住んでいる**のだ。退去する部屋を紹介することで、お互いに紹介料が入る仕組みだった。つまり、彼が手紙を保管している可能性があった。

ただ、その友人に少し問題がある。昔のバイト先の同僚だった彼は、顔の形がおにぎりに似ているのでここでは「おにぎり」と呼ぶ。僕とおにぎりは仲が良くて、仕事終わりには必ず一緒にラーメンを食べた。おにぎりはいつも大盛りのラーメンに半炒飯をセットでつけて、おかげで会うたびに巨大化していった。

バイトの業務内容は「紙に書かれた住所をＥｘｃｅｌに転記し続ける」というもので、ひと言で表すと地獄だった。この作業に一体なんの意味があるのか、何に使われるかも知らされないまま、僕たちは賽の河原で石を積み上げるように、ひたすらキーボードを叩き続けた。

ある日、死んだ目で住所の羅列を見つめていると、後ろで「ふわぁ」と気の抜けた声がした。振り返るとおにぎりが頭を抱えていて、顔が真っ青になってシソおにぎりみたいになっていた。

事情を聞くと、単純作業に辟易したおにぎりはＥｘｃｅｌのマクロ機能を利用して作業の効率化を試みたらしい。だがそのプログラムはおにぎりの手を離れ暴走し、なぜかシート上のデータを全消去したという。なぜそうなるのか理解不能だったが、とにかくそれで僕たちの３日分の作業が無駄になった。その晩、おにぎりは麺が喉を通らないと嘆きながら替え玉をしていた。

昔話が長くなったが、ここで言いたいのは**「おにぎりは抜けている」**ということだ。未処理の書類をシュレッダーにかけたこともあるし、ＰＣにコーヒーをぶっかけたこともあった。それでも何だか憎めないのが彼のいいところなんだけど、こと今回に関しては事情が違った。

「自分への手紙」は宛名が僕の名前になっているはずだ。だがおにぎりであれば、届いた手紙はとりあえず片っ端から開けているかもしれない。そういうおにぎりだ。彼が郵便受けを確認する前に、流出を食い止めなければ。僕は急いでおにぎりにメッセージを送った。

「久しぶり！　新居どうよ。最近オレ宛の手紙届かなかった？」

2日後。返事がない。

間違いない。**こいつ、手紙を読んでやがる。**

読んでしまって、気まずいから返信ができないのであろう。そもそも部屋を紹介してやったというのに、それから音沙汰ひとつない。

しかし怒りよりも先立つのが、猛烈な恥ずかしさである。僕は手紙になんて書いたのだろう。すっかり泥酔していたので、なんの記憶もない。

一年後の手紙って、普通何を書くものなのか。もし将来の夢とかなんかの格言とか、自分へのエールとか書いていたらどうしよう。想像すると恥ずかしさで血管がグツグツ煮えたぎって、そのまま蒸発してしまいそうだ。手紙の中身を想像してはのたうち回り、一人で奇声をあげた。

一年前の僕へ。君が今一生懸命に書いている抱負や自省は、決して君に届くことはない。代わりにおにぎりに届いている。どうか、変なことを書くのはやめてほしい。

そうしてこの旅はバッドエンドを迎えたかと思われたが、その時の僕は大変に暇だった。暇は人に執念を授ける。手紙には手紙で対抗だ。おにぎりに手紙を書くのである。自分への手紙は書けないが、おにぎりへの怒りの手紙なら筆が進む。結果、呪いみたいな文章ができた。

おにぎりへ

引っ越しはもう落ち着きましたか。部屋の住み心地はどうだろう。管理人とは仲良くやってるかな。

でも今日はそういう話をしたいんじゃ全然なくて、聞きたいのは一点だけ。お前が僕の手紙を読んだ件についてである。

僕は怒ってなどいない。僕の心はまるで凪いだ海のように、静かに月明かりに照らされている。嘘である。めちゃくちゃ怒っている。他人の手紙を読むってどういうこと？　すごい恥ずかしいんですけど。僕何書いてた？　マジで気になる。気になって逆に手紙書いちゃったよ。

とはいえ、そもそも転送手続きをしていなかった僕にも非はある。ここはひとつ、仙台土産の銘菓、ずんだ餅を同封するので、それで手を打とうではないか。
「ずんだ餅」は、かの伊達政宗が名付け親とされる。伊達政宗は筆まめで、その手紙の締めには毎回「即火中」と書かれていたそうだ。手紙を読んだら燃やせという意味である。これを読んだお前もすぐに例の手紙は燃やし、内容は口外しないと約束してくれ。そしたらもう１つずんだ餅やるから。

即火中　岡田　悠

手紙を送った後日、おにぎりからメッセージが届いた。

「ごめん、実はあの部屋結局住んでないのよ。ぼーっとしてたら期限すぎちゃって汗」

住んでいないだと？

そう言えば、管理人から紹介料が振り込まれたという連絡はまだない。おにぎりは、手紙を読んだことではなく、紹介した部屋に住まなかったことが気まずくて返信しなかったのだ。焼きおにぎりにしてやろうか。

こうしておにぎりが僕の手紙を読んだという線は消えた。しかし僕はまだまだ暇である。ダメもとで前のアパートの管理人に問い合わせてみることにしたのだ。すると、なんと今そこには誰も住んでいないという回答が返ってきた。

旅は続く。以前のアパートは徒歩圏内にあるので、すぐに行ける。そのまま管理人に頼み込んで、郵便受けを一緒に確認することになった。

昔住んでいた家に訪れるというのは、不思議な心地がする。かつて連れ添った玄関も駐車場も、今となっては僕とは無関係な場所として、すっかり違う進路を歩んでいる。感傷に浸っていたら、車が甲高いブレーキ音をたててとまって、中から見覚えのある顔が出てきた。

久しぶりに会った管理人は、すこぶる不機嫌そうだった。感動の再会を期待していた僕は、居心地の悪さに話題を作ろうと思って「この部屋、まだ住んでないんですね」と言った。すると管理人は口を尖らせて「あなたの紹介に空けといたんですけどね」と皮肉を返してくる。それで機嫌が悪いのか。あのおにぎり野郎。その件はすみませんと謝って、いそいそと郵便受けを確かめる。

そうして中に入っていたのは大量のチラシと、それから一枚の手紙。

ついに見つかったとはしゃいだのも束の間、それは一年前の手紙ではなかった。そう、**この前おにぎりに送った手紙**だった。期せずしてまた自分への手紙を書いてしまったことになる。このまま燃やそう。僕は懐かしの旧家を、いそいそとあとにした。

それにしても、一年前の手紙はどこへ行ったのだろう？

悶々とした日々を過ごした。もはや他人に読まれるという心配よりも、とにかく内容が気になった。もともと自分への手紙なんて見たくもなかったのに、いざ読めないとなると逆に興味をそそられる。怖い。怖いから見たい。いびつな好奇心に支配されて、僕の心はジリジリと疼（うず）いた。

しかし数日後、事態は急展開を迎える。郵便受けを確認した僕は思わず声をあげた。

なんと、手紙が届いていたのだ。

◇

一体どういうことだろう。あれだけ探し回った手紙が、こうもあっさり届くなんて。僕は近所の郵便局にまた問い合わせた。すると電話口の局員は、どこかに保管されていた手紙が掘り出された、というようなことを言った。掘り出されたってなんだ。どうも先日、近所の郵便局に出向いたことが功を奏したらしかった。僕の控訴が受理された訳だ。

だがそんなことより重要なのは、手紙が未開封で僕の元に戻ってきたという事実である。僕は胸をなでおろした。本当によかった。一年前の僕へ、君の手紙はちゃんと回収したよ。

僕が必死に追い求めた手紙。そこには一体、何が書かれているのか。一年前、果たしてどんなメッセージを伝えたかったのか。もしかしたら今の僕にとって、重要な示唆を与えてくれる存在かもしれない。

封筒には便箋が一枚入っていて、僕は深呼吸をし、ゆっくりとそれを開いた……。

？

なにこれ？

なにこれ？

あっけにとられた。あらゆる角度から手紙の内容を推察していたが、これは予想外すぎる。恥ずかしいとかそういう話ではなくて、ただ意味不明である。

おそらくこれは、鎌倉の銘菓「鳩サブレー」を描いていると思われる。なぜ鳩サブレーなのか、なぜ産地まで書いてあるのか、あと絵がすごい下手だ。一つだけわかるのは、鳩サブレーといい、ずんだ餅といい、無意識のうちに自分がかなりの銘菓好きだということである。

身体の力がどっと抜けた。僕はこんなものを手に入れるために駆けずり回っていたのか。しかしこのまま捨てるのも忍びないので、僕はこの手紙をもう一度出すことにする。かつて参加したイベントと同様に、**一年後の自分に手紙を送れるサービス**を見つけたのだ。

鳩サブレーの手紙にとある追記をして、封筒に入れる。一年後の自分へのバトンを、ポストへと託す。

来年もまた、しょうもない手紙が送られてくる。少なくともその事実だけで、夏を楽しみに待つことができる。果たして来年は、どこでどんな銘菓を食べているだろうか。

はとさぶれ（鎌倉）

ひよ子（福岡）

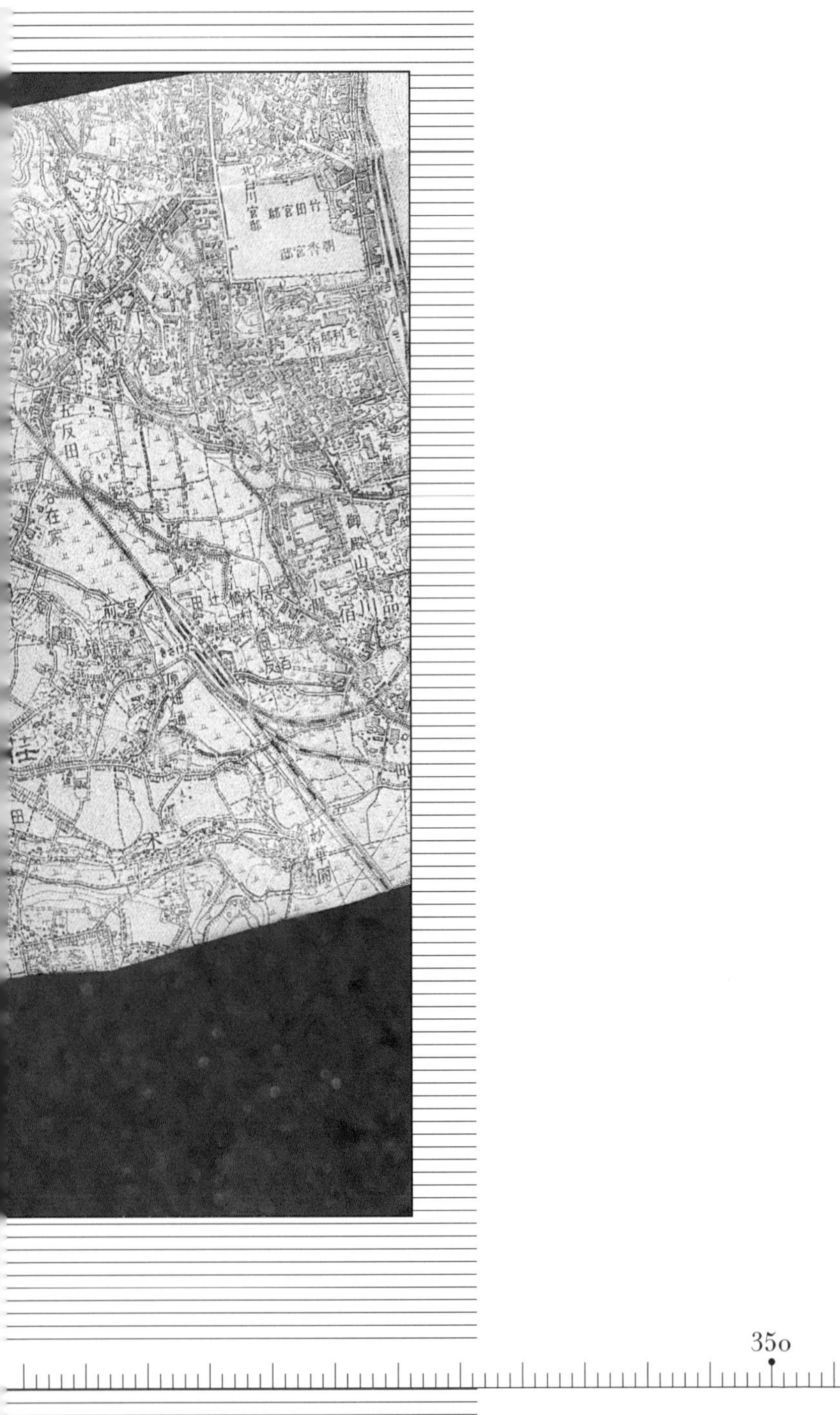
竹田宮邸
北白川宮邸
朝香宮邸
御殿山
品川宿
五反田
350
m

350メートル

畑のフランス料理店

江戸時代の地図、フレンチビール、2つのルート

かなりの方向音痴を自負している。旅先で道に迷うことはしょっちゅうだし、新しい場所に行く時はだいたい遅刻する。東西南北の感覚が完全に欠落しており、方角で道を教えられた時には1／4で当たるギャンブルに賭ける。だからこの世界に、地図アプリという便利なものがあって良かった。異国に降り立って最初のミッションは、SIMカードを入手してアプリにアクセスすることである。

しかしテクノロジーの進化が進む一方で、アナログな魅力が失われたなんて話も聞く。確かにスマホのない時代には、知らない街に着いたらまず観光案内所を探して紙の地図を入手し、クシャクシャになるまで読み込んだものだ。地図を広げて唸っていたら、知らない人が話しかけてきて道を教えてくれたりする。そういう機会は減っているかも

しれない。

だからたまには、地図に頼らないで歩いてみようと思った。たとえば行ったことのない近所の場所に、ふらりと出かけるのもいいかもしれない。だけど完全になんの手がかりもないままだと、永遠に帰宅できない可能性がある。いい方法はないかと調べていたら、「大江戸今昔めぐり」というアプリを発見した。

どうやら江戸時代の古地図で現在地を確認できるらしい。地図には当時の地名とともに城や屋敷、神社や寺などが載っていて、タイムトラベルしたみたいで面白い。

決めた。**一週間、江戸時代の古地図だけで生活してみよう**。現代の地図アプリを削除して、スマホ画面の一等地に古地図を配置する。こうして200年前の道のりを歩む日々が始まった。

まずは知らない場所へ向かってみる。知らない場所に行くにはバスがいい。決して定まった方向に進まずに、突然曲がってはクネクネと進み続けるから。

近所のバス停で5分ほど待っていると、「東98」と書かれたバスが到着した。初めて見る車体だ。飛び乗る。この時点で僕の心はもうわりと弾んでいた。実に単純な心である。窓から見えるのはまだ見慣れた風景で、僕の勘によるとバスはどうやら北へと向かっているようだ。「初めて行くが徒歩で帰れる」、そんな絶妙な距離感を探る。

10分くらい経った頃、「魚籃坂下（ぎょらんざかした）」なるバス停がアナウンスされた。魚卵？　いや魚籃。響きに魅了された僕は、ここで降りることにした。

あたりを見渡すと、知らない景色。大きな並木道がまっすぐに伸びていて、そこから枝が生えるように細い路地が分岐している。ここからが本番だ。古地図の情報だけを頼りに帰宅するのである。

大通りを歩く。200年以上前にここに同じように道があって、同じように人々が往来していた。だが当時の景色を想像しながら歩いていると、すぐに道がなくなった。いや実際には道はあるのだが、江戸時代の地図には存在しないのだ。**せっかくだから、古地図にある道だけを歩もう。**僕は元来たルートを戻って迂回することにした。しかしこの思いつきのルールが、のちの一週間に大きな影響を与えることになる。

迂回して細い道を抜けると、巨大なビルがずらりと並んでいた。白金の高層タワーマンション群だ。東京でも有名な高級エリアである。古地図を確認してみると「大縄地（おおなわち）」と書かれていた。大縄地とは、下級役人たちが住んでいた屋敷のことを指すらしい。

シェアハウスみたいなものだろうか。地図には「白金村」という地名も書かれている。白金のタワマンと、白金村のシェアハウス。形を変えて受け継がれるDNAに思いを馳せながら、家のある五反田までの道を歩く。

このあたりまで来たら、あとはもう見知った道を進むだけだ。安易に考えていたら思わぬ壁が立ち塞がった。古地図をみると自宅の近くに、溜池水田がある。水田からは細い川も流れていて、目黒川まで通じている。今ではすっかり住宅街だが、**ここは川であり、池だった**。そういえばこのエリアは急な坂道が多くて、今でも物理的にぽっかりと凹んでいる。溜池の名残なのかもしれない。

問題は、川と水田が現代の道路を塞いでしまっていることだ。最初に決めた「江戸時代の道だけを歩く」というルールが枷（かせ）になって、直線的に帰宅することはできない。大きく右へと迂回する羽目になってしまった。

日が落ちてきた。腹も減った。古地図上にはずっと「畑」が続いていて、かつてあぜ道だったはずのコンクリートを踏みしめる。駅や会社とは逆方向だから、この付近を通るのは初めてだ。きょろきょろしながら歩いていると、2軒のレストランを見つけた。わりと近所なのに、どちらも初めて見る店だ。

一方のレストランはピザ屋のようで、明るい電飾に人々の笑い声が聞こえてきて魅力的だ。しかし江戸時代には道がつながっていない。もう一方のレストランはフランスの国旗が掲げられていて、薄暗い店内から黒人らしき店員がこちらをじっと見つめていた。ああ、ピザ屋に行きたい。明るい店内でピザが食べたい。

だけど古地図のルールは絶対だ。僕は恐る恐るこの「**畑のフランス料理店**」の扉を開ける。黒人の店員は、何も言わずにアゴで空いた席を指し示した。おずおずと着席し、本日のおすすめは何かと聞くと、「もう終わった」と流暢な日本語で素っ気なく告げられた。ひとまずビールだけ頼む。

しばらくすると女性客が入ってきて、隣の席に座った。店員はさっきとは真逆の人懐っこい笑顔を見せて、女性と談笑している。どうやら常連客らしい。「本日のおすすめは?」と女性が聞くと、「終わっちゃったよ~、でも今日はいい肉が入ってて」とかいろんな料理を勧め出した。僕の時と対応が全然ちがう。

ああ。心地よい。

近所を散策していると、見知った道に見知った店、どうしても「俺の庭」感が出てしまう。それはそれで楽しいが、いかんせん刺激に欠ける。まさかこんなにも近所で、こんなにも疎外感を味わうとは。**誰も自分を知らないことは、旅の1つの魅力である。**人とのつながりが幾重にも張り巡らされた現代において、つながりから解き放たれる疎外感は時に安心感へと変わる。冷えたフレンチビールが独りの身体に染み渡った。

◇

そんな風にして、毎日のように適当な場所へバスで行って、江戸時代の地図で帰宅した。そのうちアプリだけでは飽き足らなくなって、図書館に行ってさらに古い地図をコピーしてきた。地図には「死罪者市中引廻順路」などという物騒な情報も掲載されていたり、立派なマンションがむかし火葬場だったと知って驚いたりした。

しかし何より僕を悩ませ、そして楽しませたのは、やはり江戸と現代のギャップである。僕の近所には江戸時代には存在しない道がたくさんあったし、逆に現代では消えてしまった道もあった。近所のはずなのに思い通りに進むことができなくて、ばったりと見えない行き止まりに差し掛かる度にため息をつき、そして少し嬉しくなった。

必然的にいつもと違う道を歩くことになって、新しいスポットを色々と見つけた。2日目に出会った「古道の小さな商店街」（今でも正式名は不明）はお気に入りの場所だ。昔ながらの駄菓子屋で買ったくじ付きのアイスキャンディーを舐めながら、走り回る小学生たちをぼけっと見つめるのが日課となった。

何日目かには店のおばあさんが話しかけてきて、紙の古地図を広げた僕になにを探しているのかと尋ねてきた。それが江戸時代の地図だということをすっかり忘れていた僕は、「この武家屋敷の横にはなにがあるんでしょう」と聞いた。おばあさんは「そんなものはない」と言って店の奥に戻っていった。

他にもマスターがいつもテーブルに足をのせている「竹林の喫茶店」や、客がいるのを見たことがない「田んぼのバー」。昔は稲荷があった「狐のコインランドリー」に、行列の絶えない「辻番のケーキ屋」。

これまで知らなかった場所を発見して、古地図上にマッピングした。人が歩くルートというのは、放っておくとすぐに固定化してしまう。脇道にそれてパターンを崩すだけで、ここまで新しい発見があるのかと驚いた。

そんな中でも、どこへ行こうとも**必ず帰り道に行き着くのが、例の畑のフランス料理店だ。**僕の家の立地上、すべての江戸道はこの店に通ずる。本当はもう一軒のピザ屋に行ってみたいのだが、古地図がそれを許してくれない。そうして僕は一日の終わりに、必ずここに立ち寄ることになった。

2度目に訪れたときには、黒人店員にはなんの変化もなし。僕の存在を気にも留めず、黙々とグラスを拭き続けていた。3度目には一瞬おや？　という表情を見せたが、やはりその素っ気なさに変わりはなかった。

4度目。ついに店員が向こうから話しかけてきて、「この辺りに住んでるんですか？」と尋ねられた。だが慌てた僕はとっさに「いや、日曜日まで出張で来ていて」と変な嘘をついてしまう。近所だと答えたら、常連になる必要があると危惧したからだ。店員はそれでまた僕に興味を失ったようで、黙ってビールを運んできた。僕は独り冷たい泡を喉に走らせる。

◇

一週間の最終日。辻番のケーキ屋でショートケーキを買って、友人の家に遊びに行った。徒歩で10分のところ40分かかったけど、ケーキは奥様に喜んでもらえた。帰り道では竹林の喫茶店でコーヒーを飲んで、足を上げたままのマスターに500円玉を渡す。古道の商店街の駄菓子屋でアイスキャンディーを買って、シャリシャリと噛みながら棒に書かれた「はずれ」の文字を確認した。結局一度も当たらなかった。

何度も歩いていると、だんだん江戸地図の道順が足に馴染んでくる。物理的には存在しない障壁を避けて、かつて存在した順路を進む。**誰にも見えない、僕だけのルート**。最短距離の「いつもの道」に加えて、時代を超えたもう1つの「いつもの道」が併存していた。

そうして締めは、やっぱりここだ。畑のフランス料理店。一週間で5度目の訪問に、扉を開ける手つきも慣れたものだ。いつもの隅の席に座ると「ビール？」と店員が尋ねてきた。注文を提案されるのは初めてのことだ。僕は頷いて、ついでにずっと気になっていたチョリソーセットも頼んだ。アンティークのレコードプレイヤーからは異国の音楽が流れていて、休日の午後がゆったりと過ぎていく。

音楽が止まって、冷えたビールと一緒にあるものが置かれた。それはチョリソーではなく、一冊のノート。中を開くと、この店を訪れた客からのメッセージがびっしりと書き込まれていた。店員は鉛筆を渡して「良かったら書いてください」と言った。そういえば今日は日曜日だ。出張が今日までなどと嘘を伝えたから、これで最後だと思われたのかもしれない。

なにを書こうか悩んだ挙句、僕は思い切ってこう記した。

「**美味しいビールをありがとう。近所なので、また来ます**」

それを読んだ店員は初めてにやりと笑って、「メルシー」と言った。

◇

店を出て、地図を見ることなく「いつもの道」を歩く。道路には回収されないゴミ袋が並んでいた。目をつむると、水田から細長い川が流れている。右に曲がる。室外機が唸りを上げながら熱風を吹き出していた。目をつむると、広々とした畑が広がっている。

みんなが歩くいつもの道と、僕だけに見えるいつもの道。２つのルートが交差して、見慣れた景色が２００年前へと接続される。

一週間の近所への旅が終わって、僕は現代の地図アプリを再ダウンロードした。これからまた定まった最短距離をたどり、駅へと会社へと往復する日常が再開する。でもそんな日々に飽きたとしても、いつだってもう１つの世界に瞬間移動できる。

ぐるりと右へ迂回して、畑のフランス料理店に寄ればいいのだ。

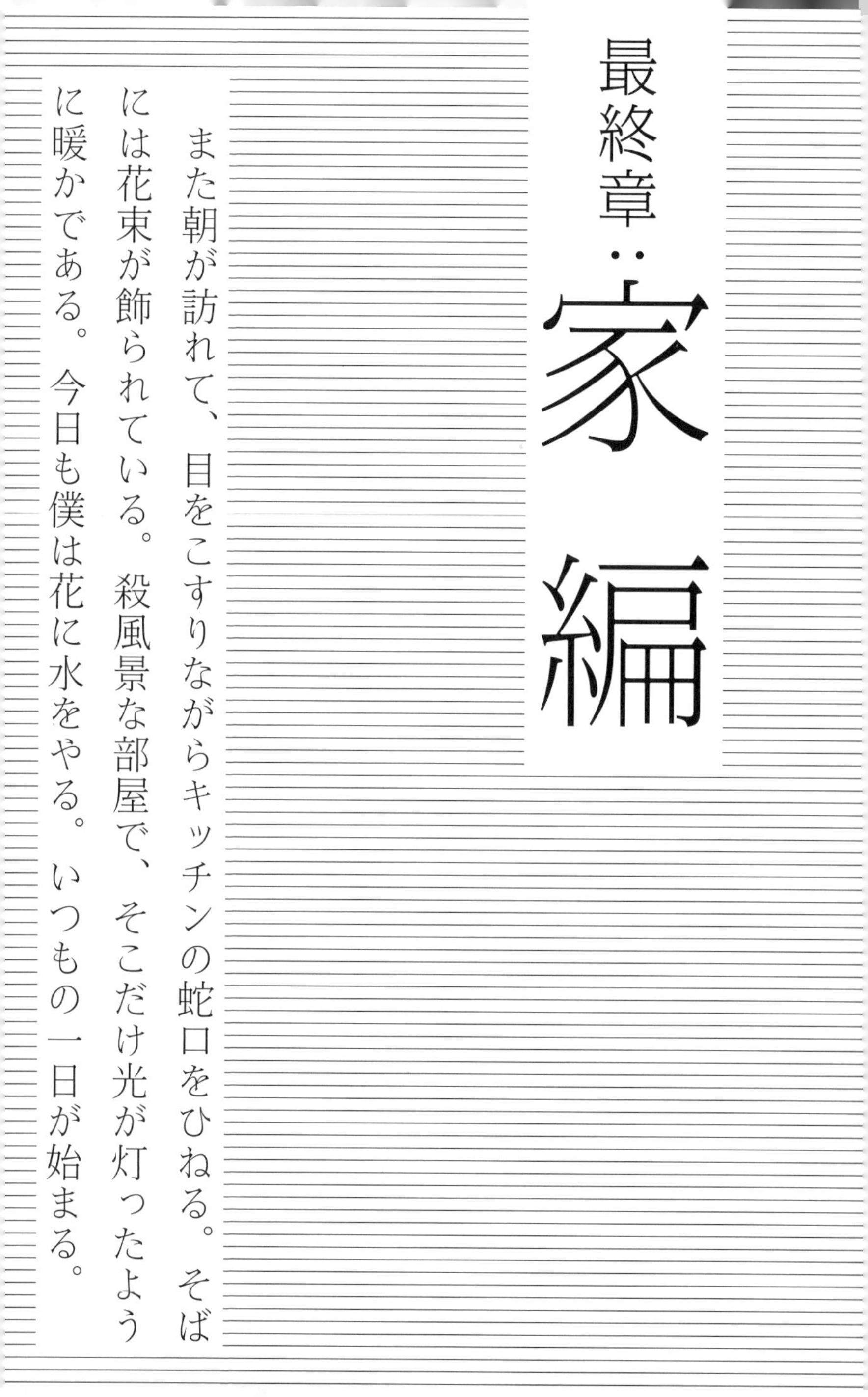

最終章：家編

また朝が訪れて、目をこすりながらキッチンの蛇口をひねる。そばには花束が飾られている。殺風景な部屋で、そこだけ光が灯ったように暖かである。今日も僕は花に水をやる。いつもの一日が始まる。

旅とは目的ではなく、過程にある

結婚式のキャンセルを決めたのは、2020年3月下旬のことた。イベントごとが好きな僕たち夫婦は、趣向を凝らした式を考え、半年間かけて準備を進めていた。

しかし、そこに立ちはだかったのが新型コロナウイルスだ。当初は1か月が山場だと楽観視されていたが、その脅威は予想を遥かに越える勢いで広がり、日常を一変させた。

式のキャンセル料は、目玉が飛び出るほどの金額だった。疲れ果てた僕はある晩に風呂場で倒れ、床が真っ赤に染まるくらいの出血をした。慌てて救急医療センターを訪れる。先生がホッチキスのような医療器具で、僕の傷跡を留めていく。深夜の病室に、パチン、パチン、という音だけが静かに響く。

治療を終え帰宅した部屋には、来週の式で使うはずだった荷物が山積みになっていた。

かつて訪れた世界中の国境が封鎖されていく。外務省の渡航危険情報ページは10年以上チェックしているが、「全世界」という文字を見る日が来るとは思ってもみなかった。欧米では外出禁止令が出て、都市はロックダウンされ、人々は部屋に閉じこめられた。

世界が、切断されていく。

一変した日常は刺激的な非日常などではなく、ただ画質の劣化した日常もどきにしか思えなかった。外にすら出ない毎日はモノクロのように味気なくて、かろうじて仕事をして寝るだけの日々が続いた。家での口数も減っていって、本もネットも見なくなった。旅行記を書く気分にもなれずに、旅への興味も薄れていた。あらゆるものに鈍感になった僕は、切断されゆく世界と同じだった。

◇

そうして4月4日。結婚式をするはずだった、カレンダーの空白の1日。大学時代の友人からメッセージが届いた。添付されたリンクにアクセスしてみると、**画面上には礼服姿の友人たちがずらりとスタンバイしていた。**

おめでとうと、祝福の言葉が一斉に投げかけられる。

それは友人たちが僕らのために企画してくれた、お手製のサプライズ結婚式だった。

誓いの言葉から始まり、乾杯、余興のダンス、友人からのスピーチ。突貫で作られたその式は、何度も回線が止まったり、うまく顔が映らなかったり、声が聞こえなくなったりした。だがそれは、間違いなく僕らが待ち望んでいた時間だった。美しくて、可笑しくて、忘れられない時間だった。

広い会場も豪勢な料理も華やかな装飾もなかったけど、その瞬間小さな部屋はウェディング会場となった。**友人たちの想像力が、この劣化した日常を引き剥がしてくれた。**

ピンポン。

式も終盤に差し掛かった頃、突然インターホンが鳴った。扉を開けると、大きな花束がそこにあった。友人たちからのプレゼントだった。

花からは春の香りが漂っている。部屋に篭っていたので知らなかったけど、外はもう新しい季節を迎えていた。

旅とは目的ではなく、過程にある。結婚式が挙げられなくても、寄り道の途中にそれより大切なものがあった。そういえばこの友人たちとは、大学を留年した時に仲良くなったんだ。

忘れかけていたことを思い出した僕は、また旅行記を書き始める。**この切断されゆく世界で、ホッチキスで傷を留めるみたいに、いびつな接点を保っていく。**外へ出られなくても、どこかにある旅を探しに出かける。

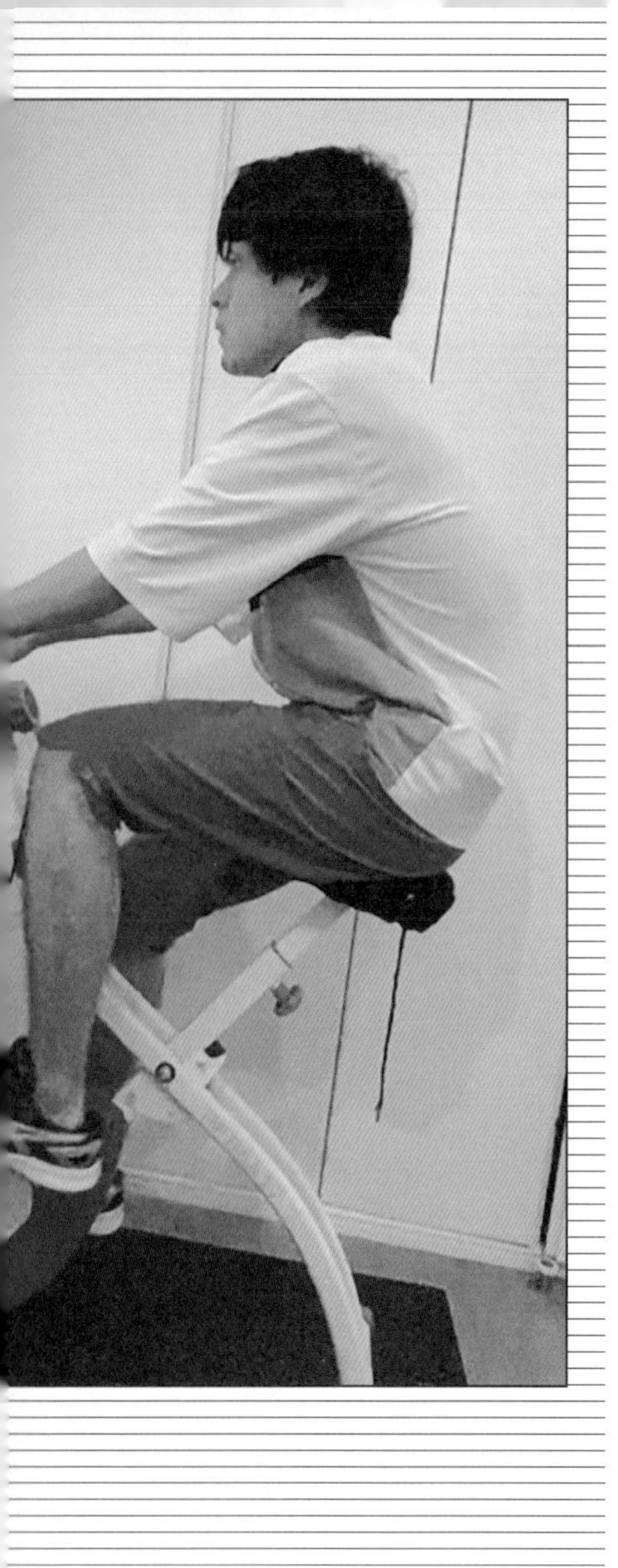

0メートル
部屋

エアロバイク日本縦断、誰かの記憶、旅の正体

運動不足だ。もともと運動が苦手なくせに、最近外に出なくなったのでたちが悪い。ひどい時は1日30歩しか動かないし、歩き方を忘れてしまいそうである。体重は増加の一途を辿り、腹をつまむと見慣れぬ脂肪がぷにっと浮き上がった。君、いつの間に生まれたんだ。

そんな現状から脱するために、思い切ってエアロバイクを買ってみた。自転車のように漕ぐ健康器具だ。ショッキングピンクの車体が部屋のテイストと合わないが、他のバイクは品切れだった。考えることは皆同じらしい。

早速漕いでみたところ、2分で飽きた。漕いだ時間より、組み立てる時間のほうが長

かった。かつてランニングも筋トレも、フィットネスゲームだって断念したのに、ただ漕ぐだけの運動が続くはずもない。何か工夫ができないかと考えて、思いついた。このエアロバイクを利用して、旅がしたい。

調べるうちに、ロードバイクで仮想空間をレースできるシステムを見つけた。しかし僕にはハードルが高いし、何より用意されたコースではなくて、好きなルートを気ままに走り回りたい。スピードを競うのではなく、隣町に出かけるみたいにのんびり漕いで、行き当たりばったりの景色を眺めたい。そういう体験が最近足りない。

悩んだ末に、**Google Mapsのストリートビューとエアロバイクを連動**すればいいのでは、というアイデアに思い至った。Google Mapsならば自分の行きたい場所に移動できるし、いろんな景色を楽しめる。

電子工作を勉強しながら、同じようなことを考えている人を探し、広島でエンジニアをしている男性のブログにたどり着いた。すぐさま彼に連絡をとり、意気投合して、オンライン会議を重ねて3週間ほどでシステムが完成した。

しくみはこうだ。エアロバイクとスマホを接続して、ペダルの回転を距離データとしてスマホに記録。さらにそれをＧｏｏｇｌｅ Ｍａｐｓに飛ばして前進する。つまり、**バイクの回転が、Ｇｏｏｇｌｅ Ｍａｐｓでの前への推進力に変換されるわけだ。**

ただしこれだけだと前にしか進めないので、**手信号で左右に曲がるしくみ**も構築した。たとえば右折したいときは、右腕を水平に伸ばせば視点が右へと移動する。Ｗｅｂカメラで自分の姿を写し、骨格検知をして、腕の動きを認識させることで実現した。無駄にハイテクノロジー。これで前進に加え、自由に左右へと曲がれるようになった。

さらにこの頃、経済対策として特別給付金が10万円支給された。それを使って大型のモニターと外付けハードディスクを買った。モニターはＧｏｏｇｌｅ Ｍａｐｓの景色を写すため。ハードディスクはモニター画面を録画して、旅の記録として残すためだ。６テラバイトもの容量があるので、毎日の様子を収録できる。こうして準備は整った。

さて、どこに行こうか。都会を走るのも、自然を走るのもいい。京都の街や、瀬戸内海沿いも最高だ。いや目的地が決められないならと、いっそ大きな目標をたてることにした。**日本縦断だ。**エアロバイクを使って、部屋の中から日本を巡る旅。北海道から鹿

児島を目指して、何日もかけてバイクを漕ぎ続けるのだ。

記念すべき出発日は2020年4月27日。ちょうど連休の入り口である。と言っても外出自粛令が出ているから、どこにも出かけることはできない。だがエアロバイクの旅ならば関係ない。

サドルにまたがる。鼓動が早まる。緊張しているのだ。これはただのエアロバイクで、僕は部屋の中にいるけど、長い旅のスタートであることには変わりない。旅の始まりはいつだって少しの不安と緊張と、未知への好奇心がないまぜになってぐるぐると回る。それは一種の恍惚感であり、一度味わうとやめられない麻薬でもある。

出発地は日本最北端の地、宗谷岬。息を深く吸い込み、そしてゆっくりとペダルを踏み出した。

Google Mapsの視点が、ぐいんと前へと進む。

スムーズだ。ペダルを漕ぐと、その分だけ着実に移動していく。手信号として左右の手を挙げると、視点がその通りに移動した。こちらも問題はなさそうだ。

慣れるまでは、しばらく海沿いの国道を行くことにしよう。道幅は広く、走りやすそうである。空も晴れていて気持ちがいい。ペダルを勢いよく回すと、景色が後ろへと飛んでいく。2分で飽きたエアロバイクも、これならば続けられそうだ。

地図を確認すると、しばらくはこの国道を走り続けるのが最短ルートらしい。道のりはまだ果てしないので、一旦はその通りに進もうと思っていた。だが脇道が見えた瞬間に、**気づいたら僕は手を挙げ、そのまま左折していた。**

ただ知らない道に行きたかった。部屋を30歩動くだけの日々で、無意識に見たことのない光景を渇望していた。本能そのままに前進する。地図はもう当てにしないで、ペダルをグイグイと押し込んでいく。それはまるで、初めて自転車で隣街に出かけた時と同じ。このままどこまでも行けるような気がして、僕はただ夢中で走り続ける。

そうしてうっすらと汗をかいてきたところで、思わぬ景色が目に飛び込んできた。草原にまっすぐ伸びる一本道に、大きな塔が何本も立っている。風車だ。何台もの風車が、見渡す限りずらりと並んでいた。

風車の一本道をエアロバイクが駆けていく。動いているのはモニター越しの世界だけど、僕の心は高鳴っている。知らない曲がり角を見つけたら、また思いつきで手を挙げよう。稚内の風が部屋の中を吹き抜けていった気がした。

こうして毎晩寝る前に、エアロバイクを漕ぐのが日課となった。1日に進める距離は数10km程度で、日本縦断はだいたい3000kmあるから、毎日漕いでも100日はかかる。

だがこれは目的地へとダイレクトに向かった場合。もっとどこかにフラフラと立ち寄りながら、気ままな旅を楽しみたい。別にゴールしなくたっていい。飽きたらいつでもやめようと思っていた。

ふと思い立って、Twitterで「**あなたの思い出の場所を教えてください**」という募集をしてみた。日本中にある誰かの思い出の地に、バーチャル上で立ち寄りたいと思ったからだ。すると驚いたことに、**全国から300を超える投稿**が集まった。

その中には観光名所もあれば、名もなき場所もあった。恋人と付き合った、あるいは別れたという公園や、近所のコンビニ、通学路の田んぼ。今年は帰省できないから地元に寄ってほしいというリクエストもあった。なぜか「うんちを漏らした場所」が5人から届いたが、それもまた人生の1ピース。

僕はその思い出たちを一つひとつ付箋に記入して、大きな日本地図に貼っていった。全部を回ることはできないけど、気が向いたら寄ることにしよう。

日本地図とモニター画面を見比べながら、北海道を南へ駆ける。旭山動物園でペンギンを眺めたり、美瑛の景色を一望したり、現地の郷土料理を作ってみたり。途中でGoogle Mapsが欠落しているエリアがあって、大きく迂回せざるを得ないこともあった。トンネルを走っていると、突然見知らぬ街にワープしたこともあった。システムがうまく動かなくなるたびに、会ったことのないエンジニアに遠隔で助けてもらった。

こんな風に、バーチャル世界ではトラブルがしょっちゅう起きて、そのたびに悪戦苦闘した。想像通りの毎日が続く中で、思い通りにいかない時間がありがたかった。

そのうちこの旅は話題になって、いくつかのテレビ番組で取り上げられた。おかげで

日本全図

今度は昔の友人からちらほらと連絡が来るようになった。新卒で仕事に明け暮れたあのオフィスに行ってほしい。家業の和菓子屋を継いだから寄ってほしい。そういうリクエストが届いた。自由に県境を往来できた頃には会いもしなかったのに、今ではこうして部屋の中から彼らの記憶を追っている。移動できないという制約が、途切れかけた糸を結び直そうとしていた。

東北では弘前公園で画面越しの花見をしたり、日本三景の松島に寄ったり、各県の日本酒を取り寄せて浴びるほど飲んだ。世間ではようやく自粛要請が解除されたが、それでもバイクを漕ぐことはやめなかった。梅雨に入って悪天候が続いても、モニターには青空が地平線の向こうまで広がっていた。

45日目。ついに上京を果たして、関東地方で1か月ほどを過ごした。五反田の近所の寿司屋に寄ったり、国立市の母校を訪れたりした。富士山にも登った。今年は閉鎖されてしまっているが、エアロバイクなら関係ない。吉田ルートの一合目から、急勾配をものともせず一気に駆け上がっていく。

その頃には、寝る前にバイクを漕ぐ習慣もすっかり板についていた。朝起きて花に水をやって、パジャマのまま仕事をして、夜はビールを一缶飲む。部屋に閉じこもる毎日は淡々と過ぎていって、体重は相変わらず減りもしない。ただ繰り返すような日々の中で、それでもGoogle Mapsの僕だけは前に進んでいた。

猛暑の夏を迎えて、お盆の時期。バーチャル上で兵庫県の実家に帰省した日に、ちょうど100日目を迎える。そこからのルートは偶然に委ねたくて、アンケートで決めることにした。すると一番遠回りの四国ルートを通ることになって、その瞬間に残りの距離が400km増えた。

そうやってどんどん余計な距離が増えていくことは、僕に少しの安心感を与えた。それは、**この旅が終わってしまうのが寂しかったから。バーチャル世界でさえ前に進めなくなるのが、怖かったから。**

◇

はじめこそ珍しがられたエアロバイクの旅も、数か月を過ぎるとだんだん興味を持たれなくなった。まだ漕いでいると言うと驚かれたし、一体何が楽しいのか、なんのためにやっているのかと不思議がられた。

その疑問にうまく答えることはできなかった。僕だって、バーチャルな体験が現実に遠く及ばないことはよく知っている。南極で嗅いだペンギンの匂いや、モロッコで味わった喉の渇き。そういうものは部屋の中では決して得られない。

それでも、僕はエアロバイクを漕ぎ続ける。飽きたらすぐにやめようと思っていたけど、今では終わって欲しくないとさえ願っている。部屋から出ないで、デジタルで表現された風景を眺めて、僕は一体何に執着しているのか。

確かだったのは、物理的な旅が失われつつあるこの世界で、僕は自らへ問い続けていたということだ。

遠くへ行く旅と、行かない旅は何が違うのだろう。

自宅から0メートルの旅は、果たして本当に旅と呼べるのだろうか。

僕をいつだって救ってくれた、旅。

旅とはなにか。

その答えを知りたくて、ペダルを踏む足を止めなかった。

140日目。気づかぬうちに夏が通り過ぎ、秋の香りが漂い始めた頃。エアロバイクはついに九州へ上陸する。残りの日々を惜しむように、福岡に熊本、宮崎で毎日腹一杯の名産を食べ、膨らんだ腹をさすりながらサドルにまたがった。もはやダイエットという当初の目的はすっかり忘れて、体重はたくましく増加を続けている。九州最南端の地、鹿児島県の佐多岬まであと少しだ。

１５０日目。道中でたびたび寄り道をしていた「誰かの思い出の地」の数が50を越えた。街角のスーパー。川沿いの道。裏山の神社。そのどれもがＧｏｏｇｌｅ Ｍａｐｓではなんの変哲もない景色だった。普段なら気にも留めずに、通り過ぎてしまう場所。だけどどこかの誰かにとっては、特別な場所。

最後に足を運んだのは、とある女性から寄せられたリクエストだった。

「わたしが世界一好きな景色が、宮崎県宮崎市にあります。堀切峠を曲がった先の、ひらけた海です」

こんな文章から始まる投稿は、「堀切峠を曲がった先の海」の魅力が活き活きと描かれていた。どこまでも続く海岸線。空より青く、太陽より眩しい景色。一つひとつの単語に込められた深い愛情に、僕は思った。**最後に話を聞いてみたい。**

これまで顔も知らぬ人々の、数々の思い出の地を巡ってきた。全国から届いた300の投稿の向こうには、どんな物語があったんだろう。それを知りたくて、直接オンラインで話を聞かせてもらうことにした。

Hさんというその女性は、生まれも育ちも宮崎県。地元の大学を出て、地元の医療機関で働いているという。

「堀切峠を抜ける道は、幼い頃から何度も通っていました」

挨拶もそこそこに、Hさんは思い出の場所について話し始めた。

「そこが思い出の場所に変わったのは、初めて車の免許をとった時です。大学の友達を乗せて、峠の道を走りました」
「今でも覚えています。峠を曲がった瞬間にぱっと視界が開けて、窓から潮の匂いが飛び込んできたんです。風がびゅうびゅう吹いて、波の音が聞こえて。あ、海だ、って思いました。**そのときから、ここは私の特別な場所になりました**」

Hさんは熱っぽく語り続ける。

「うまくいかないことがあったときは、ふらりとここを訪れます。浜辺もなくて、船が通ることもなくて、雲がただゆったりと流れている」
「**近所なんですけど、何度来ても、自分の中のスイッチが切り替わるんです。**ただずっと眺めていられる。とにかく、特別な場所です」

それから彼女は、海を撮った写真を何枚も見せてくれた。ああ、もっといい写真があったのにな、と呟きながら。画面越しで楽しそうに話す彼女の表情を見て、僕は旅と記憶について考えていた。

「堀切峠を曲がった先の海」は彼女の家の近所にあるが、そこを訪れるたびに彼女の日常は別のひとときへと切り替わる。そして彼女はいつまでもその時間を覚えている。

それは紛いもなく、旅の記憶だった。

いや、彼女だけではない。

誰かががむしゃらに働いたガラス工場。

誰かが初めて母親と旅行した遊覧船。

誰かが学校を抜け出して通った競馬場。

誰かが泣きながら食べた駅前の富士そば。

３００の投稿の向こうには、３００の記憶があり、３００の旅があった。

そうして僕はようやく悟ったのだ。この部屋でペダルを踏む時間も、僕にとっては同様に旅であると。

◇

旅を辞書で引くと、「定まった地を離れて、ひととき他の場所へゆくこと」と書かれている。

定まった地とは、きっと日常そのものだ。日常は安心で、快適で、大切な僕らの基盤である。だけど予定通りの毎日を繰り返していくうちに、だんだんとその存在が曖昧になっていく。日常が身体にべったりと張りついて、当たり前になって、記憶にすら残らない時がただ過ぎ去っていく。

旅とは、そういう定まった日常を引き剝がして、どこか違う瞬間へと自分を連れていくこと。そしてより鮮明になった日常へと、また回帰していくことだ。

そういう瞬間は、脳裏に深く焼き付けられる。目を閉じただけで、まるで走馬灯のように浮かんでくる。ハードディスクに保存された6テラバイトとは異なる質の、深く刻み込まれた記憶がある。

移動の制限された世界で、毎晩寝る前にエアロバイクを漕ぐ0メートルの旅は、僕をひととき違う場所へと連れて行ってくれた。思わぬ障壁が立ち塞がったり、どこかへ寄り道したり、知らない誰かの思い出に浸ったりした。**僕にとって、その瞬間は間違いなく旅だった。**だからこそ、この繰り返すだけの日々を、こんなに鮮やかに思い返せる。

深夜の部屋で、ペダルの回転音が鳴る。冷えた空気に、火照った身体が小刻みに揺れる。ハンドルを離し、天井を見上げてふうと息を吐いた。

10月17日の夜、エアロバイクは最終地点の佐多岬へ到着した。走行距離4349km、総日数174日におよぶ0メートルの旅は、狭い部屋の中で、誰にも見られず静かにその幕を降ろした。僕は達成感とも寂寥感ともつかぬ穏やかな感情と、そしてある種の確信を抱いていた。

たとえ地球の裏側に行こうと、通り過ぎるだけの景色もある。ふらりと出かけた散歩で、忘れられない景色もある。

その違いは、何が起こるかよりも、どう受け入れるかにあった。どこに行くかよりも、どう接するかにあった。

何を消費するかではなく、何を創るかにあった。

いくつもの海を渡っては、パスポートをスタンプで埋めてきた。リュックにすべてを詰め込んで、世界の存在を確かめるようにして歩いてきた。溢れるほどのたくさんの旅の中で、とびきりの記憶を思い返した。

予定通りにいかないことを、受け入れた瞬間。

モロッコで切断されたチェーンと届かない一年前の手紙は、僕を思いもしないところへと誘った。

シャワーヘッドの回転する宿と、ヤモリの楽園は甲乙のつけがたい泊まり心地だ。

イランでお金が余ったこと、あるいはウズベキスタンでお金がなくなったこと、そんな予定不調和が、ミナレットの屋根から眺めるサマルカンドの灯のように、美しい情景を見せてくれた。

偶然の巡り合いに、心奪われた瞬間。

図鑑を羽ばたく幻の青いツバメと、ループするクーポンを見つけた僕の身体は熱く火照り、夢中でそのあとを追った。

ふと開いたメッセージは100年前の旅行記へと僕をつないで、パレスチナの分離壁に落ちる夕日と、国立の大通りに落ちる夕日はともに色濃い影を作った。


いつもの視界に、新しい景色を創った瞬間。


異なる東京を求めた箱根ヶ崎の公園は静まりかえっていて、異なるインドを求めた国境のスタジアムでは大歓声が天に轟いていた。

江戸時代の地図は僕だけに見える道を浮かび上がらせ、自作のTシャツは仙台で異国の陽炎を揺らした。

南極海で見えた妖しい闇は3000万年の大陸をアップデートして、部屋の中では3000の思い出が浮かんでは消えた。


16の物語すべてに、ただ目の前に夢中になった瞬間があった。予定不調和を受け入れ、偶然に身を委ね、新しい景色を創った瞬間があった。

それはまるで、あの時と同じ。道草の途中で、白線だけの世界を歩き、蟻の大群に阻まれ、でかい蛇を探しに駆けたときと同じだ。

どこへ行こうとも、予定も目的も固定概念もすべて吹っ飛ばして、いま目の前にある0メートルを愛すること。

それが旅の正体ではないか。

エアロバイクを降りて、スイッチを切る。薄暗い部屋に、電源ボタンがゆっくりと点滅を繰り返す。ピンク色の車体を撫でると、まだほんのりと熱を帯びていた。この旅を終えることに、もう怖れは抱いていない。

これから国境が再び開いたら、僕は飛行機に乗り込むだろう。もちろん国内旅行は常に狙っているし、あるいは近所で、あるいは家で、また新しい旅が生まれるかもしれない。

でもどこに行ったって、愛すべき0メートルが、突然ひょいと姿を現す。そこに飛び込んでいくことで、僕はこれからも、鮮やかな日常を過ごしていける。

おわりに

旅が大好きかと尋ねられると、実はうまく答えられない。いや好きだけど、僕より好きな人はたくさんいるだろうし、70か国なんて太平洋倶楽部では大したことない。そもそも行った国の数とかどうでもいいし、身体とベッドが一体化するまで寝そべっていたいし、旅行の前日はだるすぎてなんの準備もしない。寿司のほうが好きかもしれない。

だけど。旅が必要かと尋ねられると、イエスと即答する。旅をせざるを得ない。そして書かざるを得ない。水を飲まないと喉が渇くように、そういう持病を抱えている。だからこれまで日記帳に、インターネットに、旅の記録を書き散らかしてきた。

本書はそれをまとめた1冊であり、人生の走馬灯を先に厳選しておいたベストアルバムだ。死ぬときに便利である。他にも書ききれなかった旅はまだまだあるけど、別の機会にとっておこう。

エアロバイクの旅が話題になった際、「身体の自由がきかないが、自分も旅に出たい」。何らかの事情で、「遠くに行くことができない」。そんなメッセージを驚くほどもらった。僕はかつて、モロッコの船着場でハムザが流した涙を思い出した。

移動距離によって旅の性質は変わりうる。それは事実だ。だがそれでも、距離に制約されることなく、旅への渇きを満たせたらいいのに。そういう願いを込めながら、本書を書いた。

この本が、そんなどこかの誰かの0メートルの旅につながれば嬉しい。

最後に、昔から書き続けてきた旅行記に、毎回「面白い」「長い」などの感想をくれた友人たち。一緒に旅を楽しんでくれる奥さん。そして、幼い頃の僕へ旅の魔力を叩き込んでくれた父に、感謝します。

2020年12月 畑のフランス料理店にて

岡田悠

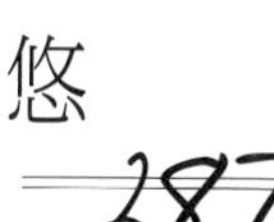

［著者］

岡田悠（おかだ・ゆう）

1988年兵庫県生まれ。ライター兼会社員。有給休暇取得率100%。そのすべてを旅行に突っ込み、訪れた国は70か国、日本は全都道府県踏破。Webメディアでエッセイを執筆し、旅行記を中心に絶大な人気を博す。本書収録のイランへの旅行記で「世界ウェブ記事大賞」を受賞。本書が初の著書。

0メートルの旅

――日常を引き剥がす16の物語

2020年12月15日　第1刷発行
2023年12月11日　第2刷発行

著　者――岡田悠
発行所――ダイヤモンド社
〒150-8409　東京都渋谷区神宮前6-12-17
https://www.diamond.co.jp/
電話／03･5778･7233（編集）　03･5778･7240（販売）

ブックデザイン― 吉岡秀典（セプテンバーカウボーイ）
本文DTP ―エヴリ・シンク
校正――――加藤義廣（小柳商店）・officeあんだんて
製作進行――ダイヤモンド・グラフィック社
印刷――――三松堂
製本――――ブックアート
編集担当――今野良介

ISBN 978-4-478-11089-8